抖音·头条·快手·公众号 小程序·朋友圈
全网营销一本通

黄京皓 编著

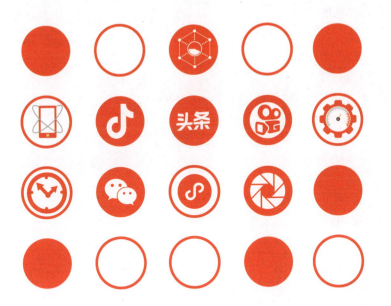

清华大学出版社
北京

内容简介

笔者在新媒体领域有超过10年的营销经验,在抖音视频、快手视频、公众号图文、朋友圈营销、小程序宣传、今日头条号引流上颇有心得。本书通过18个主题180个技巧,对抖音、头条、快手、公众号、小程序、朋友圈6个主流新媒体平台的痛点和难点,特别是运营、引流和变现方面进行了全面深入的分享。

本书适合从事新媒体、自媒体运营的人员,特别是抖音运营者、头条号运营者、快手运营者、公众号运营者、小程序运营者和微商用户等使用。

本书封面贴有清华大学出版社防伪标签,无标签者不得销售。
版权所有,侵权必究。举报:010-62782989,beiqinquan@tup.tsinghua.edu.cn。

图书在版编目(CIP)数据

抖音・头条・快手・公众号・小程序・朋友圈全网营销一本通 / 黄京皓编著. —北京:清华大学出版社,2020.6(2024.2重印)
 ISBN 978-7-302-55369-4

Ⅰ.①抖… Ⅱ.①黄… Ⅲ.①网络营销 Ⅳ.①F713.365.2

中国版本图书馆CIP数据核字(2020)第068455号

责任编辑:张 瑜 杨作梅
封面设计:杨玉兰
责任校对:王明明
责任印制:杨 艳

出版发行:清华大学出版社
    网　　址:https://www.tup.com.cn,https://www.wqxuetang.com
    地　　址:北京清华大学学研大厦A座　　邮　　编:100084
    社 总 机:010-83470000　　邮　　购:010-62786544
    投稿与读者服务:010-62776969,c-service@tup.tsinghua.edu.cn
    质量反馈:010-62772015,zhiliang@tup.tsinghua.edu.cn
印 装 者:小森印刷(北京)有限公司
经　　销:全国新华书店
开　　本:170mm×240mm　　印　张:16.25　　字　数:350千字
版　　次:2020年6月第1版　　印　次:2024年2月第7次印刷
定　　价:59.80元

产品编号:086242-01

找准适合自己的网络营销

  随着现代社会的发展，每个人使用手机的时间越来越多，每天上百次打开微信，刷头条，看抖音，用小程序。这里分享几个数据：微信日活跃用户超过 10 亿，抖音日活跃用户超过 4 亿。很多人惊诧于这个数字，这是一个从未有过的巨大的流量红利，谁抓住机会，谁就掌握了先机。其实有心之人早就行动起来了，年入千万的网红，年入百万的学生兼职，成功的人数不胜数。

  笔者从事网络营销相关工作已经超过 10 年了，帮助各类企业做过网络营销的工作，其中不乏国内外知名的大企业；同时公司旗下的自媒体和网红粉丝也超过了 3000 万，每天的视频播放量超过 3 亿次。这些年来，笔者接触过很多年轻人，发现在这个行业从业跟专业和学历没有关系。只要你感兴趣，勇于尝试，就是个合格的营销人。

  本书介绍了从微信生态的朋友圈和小程序，到图文类型的头条号，再到短视频领域的抖音、快手的基本营销方式、引流技巧和变现手段，希望能帮助对网络营销感兴趣的朋友们尽快入门。

  本书先从目前最火的短视频平台说起。有些朋友很纠结，同样是短视频平台，我到底是做抖音好还是做快手好？一般来讲，快手更侧重下沉市场，所谓的三四五线城市的小镇青年；抖音更侧重一二线城市的人群。但是从目前视频平台的竞争情况看，两个平台的用户群体有很大的重合度。

  你完全可以做一套短视频内容，多平台同步。只不过两个平台的流量分配机制可能不同，简单讲就是相同的内容，你未必在两个平台都能涨粉。具体的流量机制、引流方法以及有了粉丝之后的变现办法，在本书的相应章节都有具体介绍。总之，作为最具流量红利、最能爆发增长粉丝的短视频平台，一定是网络营销的必争之地。

  但是视频的拍摄和制作也有一定的门槛，所以短视频平台不一定适合所有人。有的朋友可能就不愿意出镜，也有人觉得做视频实在太麻烦，那么你至少可以写文章，这时微信公众号和头条号都是不错的选择。在你的专业领域或者感兴趣的领域，持续地更新文章，持续做下去，总会有爆款文章出现，当你的文章第一次出现"10 万 +"点击量的时候，你会发现营销的力量有多么强大，一篇"10 万 +"点击量的文章至少能帮你节省 10 万元的营销费用。

如果你是一个服务类型的商家，其实还有更多选择，比如小程序。微信的使用早就渗透到了生活的方方面面，借助微信的力量服务好自己的客户是最有效率的方式。超市购物时，商家用小程序发放优惠券，可以多次激活用户的购买欲望。对于中小企业来讲，千万不要一上来就开发自己的 App，因为一方面开发成本高、周期长，另一方面是推广成本太高。使用小程序，可以以最低的成本获取和维护用户，是明智商家的第一选择。

如果你是个人创业者，既没有拍摄视频的能力，又没有开发小程序的技术，同时也没有精力写文章，那么你至少可以利用好朋友圈。用好朋友圈，月入上万没问题。据我了解，我身边的宝妈利用空余时间，通过朋友圈卖服装，月入 2 万元。当然，如何更有技巧地通过朋友圈营销也在本书中有详细阐述。

最后，希望所有读到这本书的朋友，都能够认真地开始自己的网络营销。你的第一条视频、第一个图文、第一条朋友圈，也许就是你百万粉丝的开始。

由于作者水平有限，书中难免有不足之处，望广大读者批评指正。

编　者

目录

第1章 10招快速入行，成为抖音高手 1

1.1 推荐机制——熟悉流量推荐机制 2
1.2 前期准备——了解用户画像特征 3
1.3 遵规守纪——遵守抖音平台规则 5
1.4 避开误区——抖音运营注意事项 6
1.5 分析数据——对比利用抖音数据 7
1.6 注重互动——加强与粉丝的互动 8
1.7 保持活跃——把握更新视频频率 9
1.8 内容本地化——发布接地气的视频 9
1.9 积极展示——引导用户购买产品 10
1.10 引起关注——推广种草吸引受众 12

第2章 10个引流技巧，轻松上抖音热门 15

2.1 视频引流——通过相关视频吸粉 16
2.2 热门引流——通过热门作品涨粉 17
2.3 热搜引流——通过抖音热搜引流 18
2.4 广告引流——通过硬性广告引流 20
2.5 互推引流——通过账号互推涨粉 21
2.6 矩阵引流——通过矩阵账号引流 22
2.7 直播引流——通过抖音直播引流 22
2.8 平台引流1——通过社交平台引流 24
2.9 平台引流2——通过音乐平台引流 27

2.10 线下引流——通过线下渠道引流 28

第3章 10种方式，玩转抖音短视频赚钱 29

3.1 广告变现——最传统的变现方式 30
3.2 电商变现——最直接的变现方式 32
3.3 知识付费——"我以此才换彼财" 33
3.4 流量变现——流量带来巨大红利 34
3.5 直播礼物——玩着玩着把钱赚了 35
3.6 直播带货——抖音最"火"变现方式 36
3.7 拓展渠道——通过抖音衍生变现 37
3.8 增值变现——通过内容IP变现 39
3.9 平台导粉——打造完美商业闭环 40
3.10 线下导流——拓展实体店客户 41

第4章 10种运营手段，迅速上手今日头条 45

4.1 用户数据——了解基本用户数据 46
4.2 图文数据——增加文章阅读来源 47
4.3 打造爆文——捕捉分析热点事件 49
4.4 个性推荐——文章内容精准投放 51
4.5 偏好内容——把握内容拓展方向 52
4.6 偏好关键字——准确反映用户兴趣 53

4.7 优化内容——不断提升产品品质...53	6.6 多元化变现——政策加速变现落地...87
4.8 推荐判定——了解头条推荐机制...55	6.7 出版图书——通过出版方式变现...90
4.9 善于推广——快速获得高推荐量...56	6.8 打赏变现——通过用户打赏变现...90
4.10 排查隐患——及时处理相关问题...59	6.9 电商渠道——通过电商合作获利...91
	6.10 养号卖号——通过账号转让变现...92

第5章 10个涨粉技巧，使头条用户活跃起来 61

- 5.1 话题引导——利用话题博关注量...62
- 5.2 微头条——利用微头条吸粉引流...63
- 5.3 内容引导——利用内容提高关注度...64
- 5.4 功能吸粉——利用功能提高关注度...66
- 5.5 互动吸粉——通过互动提高关注度...68
- 5.6 外链引流——利用外链博取关注量...70
- 5.7 互粉互推——通过互粉与互推引流...71
- 5.8 其他平台——通过外部平台来吸粉...71
- 5.9 活动引流——通过活动提高关注度...73
- 5.10 激励机制——激励用户以增加黏性...74

第6章 10种赢利手段，成功变现 77

- 6.1 获利捷径——通过头条广告变现...78
- 6.2 不二之选——通过自营广告变现...80
- 6.3 高效变现——通过品牌广告变现...83
- 6.4 掌握技巧——如何成功变现广告...83
- 6.5 视频变现——通过热门视频变现...85

第7章 10种入门方法，玩转快手小视频 95

- 7.1 产品定位——清楚快手的前世今生...96
- 7.2 推送机制——了解快手的算法原理...97
- 7.3 前期准备——熟悉和利用快手功能...98
- 7.4 自我包装——找准自己的人物设定...99
- 7.5 内容定位——确定自己的内容...100
- 7.6 掐好时间——选准时间段发布作品...101
- 7.7 遵守条例——保持良好的快手记录...102
- 7.8 了解用户——掌握快手的用户数据...102
- 7.9 加强互动——加强粉丝与内容互动...103
- 7.10 质量至上——打造优质原创视频...104

第8章 10个引流技巧，成为快手达人 105

- 8.1 基础引流——通过原创视频来吸粉...106

8.2 画龙点睛——通过封面与文字吸粉...... 106
8.3 官方渠道——作品推广助力引流...... 107
8.4 制造话题——通过挑战赛标签涨粉...... 108
8.5 矩阵账号——快速获取稳定流量...... 109
8.6 互推引流——实现共赢的引流方法...... 110
8.7 外部引流——通过腾讯平台来引流...... 110
8.8 直播引流——通过快手直播引流...... 111
8.9 内容造势——通过造势来获得流量...... 112
8.10 注意事项——值得注意的引流误区...... 112

第 9 章 10 种变现策略，成为快手大赢家...... 115

9.1 广告植入——通过广告变现...... 116
9.2 最具潜力——通过视频内容变现...... 117
9.3 快手小店——通过电商变现...... 118
9.4 热门变现——通过直播变现...... 119
9.5 知识付费——通过卖课程变现...... 120
9.6 图书盈利——通过出版变现...... 121
9.7 精准变现——通过流量变现...... 122
9.8 品牌变现——利用品牌效应变现...... 122
9.9 体现价值——通过 IP 变现...... 123

9.10 传统变现——通过线下导流变现...... 123

第 10 章 10 种营销方法，让运营事半功倍...... 125

10.1 了解用户——构建公众号用户画像...... 126
10.2 图文数据——了解图文的推广效果...... 127
10.3 数据整合——推给用户想要的内容...... 128
10.4 4 招秘技——如何提高文章点赞量...... 129
10.5 决胜千里——创作优质文章内容...... 132
10.6 排版有术——提高文章品质的秘技...... 133
10.7 必备技巧——优化公众号搜索排名...... 135
10.8 张弛有度——把握文章推送时间...... 136
10.9 善于沟通——用交流来激活用户...... 137
10.10 换位思考——从用户角度思考问题...... 139

第 11 章 10 个吸粉秘诀，让粉丝源源不断...... 141

11.1 引人入胜——通过多样内容引流...... 142
11.2 调动用户——利用爆款活动引流...... 142

11.3 知识付费——利用线上微课吸粉 144

11.4 新型营销——利用二维码来吸粉 144

11.5 硬件助力——通过硬件设备引流 146

11.6 朋友圈——通过好友互推引流 ... 147

11.7 征稿大赛——效果更好的引流方法 147

11.8 大号互推——建立公众号营销矩阵 148

11.9 点赞转发——利用公众号功能引流 151

11.10 脱颖而出——通过其他平台吸粉 151

第 12 章 10 种盈利手段，让赚钱变得简单 155

12.1 电商品牌——通过特卖入口变现 156

12.2 头条广告——发布软广硬广变现 156

12.3 流量广告——开通流量主获得收益 158

12.4 赞赏功能——发布文章获得收益 160

12.5 VIP 制度——会员活动收费变现 161

12.6 活动变现——举办商业收费活动 162

12.7 线上培训——效果可观的吸金方式 163

12.8 出版图书——靠基础和实力盈利 164

12.9 App 开发——拓宽公众号变现渠道 165

12.10 代理运营——百万大号商业变现 166

第 13 章 10 种运营策略，彰显小程序价值 167

13.1 鼓励分享——借助他人力量传播 168

13.2 微信群分享——两种策略引爆小程序 169

13.3 强强联手——推广小程序和公众号 170

13.4 有效手段——增加小程序的曝光率 173

13.5 运营优化——利用大数据调整运营 174

13.6 LBS 服务——利用附近小程序功能 175

13.7 场景优化——提高实用性争取用户 176

13.8 自我定位——寻找适合小程序的业务 177

13.9 深入分析——预测关键词与热点 178

13.10 口碑效益——利用好评来换取排名 179

第 14 章 10 种引流方法，百万粉丝不是梦 181

- 14.1 基础引流——利用电商链接来引流 182
- 14.2 内容为王——以优质内容提高留存率 183
- 14.3 支付引流——深挖移动金融流量 184
- 14.4 电视引流——结合热门节目宣传 185
- 14.5 二维码引流——扫码送礼，"码"到成功 186
- 14.6 邮件引流——借由通讯打通入口 188
- 14.7 视频引流——信息直观效果确切 188
- 14.8 提高活跃度——建立签到奖励模型 189
- 14.9 朋友圈引流——朋友圈广告单击可进入 191
- 14.10 其他手段——利用外部入口获取流量 192

第 15 章 10 条转化途径，年赚千万很简单 195

- 15.1 广告变现——运营和广告两不耽误 196
- 15.2 直播宣传——将主播的粉丝变为消费者 197
- 15.3 付费内容——提供干货内容获取收益 198
- 15.4 个体电商——打造个体平台进行销售 199
- 15.5 有偿服务——薄利多销累积更多收益 201
- 15.6 联动活动——促成线上线下的联动 202
- 15.7 收取定金——出售卡片打通线上线下 203
- 15.8 融资变现——借融资增强变现能力 204
- 15.9 开设课程——有偿教学实现变现 205
- 15.10 标签变现——变 IP 标签为"钱力" 206

第 16 章 10 种营销技巧，不断提高成交率 209

- 16.1 产品定位——迅速确定消费目标 210
- 16.2 推送技巧——让推文效果更显著 211
- 16.3 塑造价值——互惠互利提高成交量 212
- 16.4 广告优化——广告多样化呈现 214
- 16.5 明星效应——最能带动粉丝消费 216
- 16.6 制造情景——主动营造热销氛围 217
- 16.7 巧妙晒单——激发客户购买欲望 217

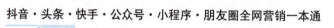

16.8	会员制度——获得一批忠实用户 218		17.10	其他渠道——多平台建立媒体矩阵 234
16.9	寻找分销商——拓展销售空间...219		第18章	10种致富手段，财源滚滚而来 237
16.10	社群营销——值得探索的营销模式 220		18.1	广告变现——最理想的变现之道 238
第17章	10种增粉渠道，快速引爆高人气 223		18.2	直播变现——最流行的变现方式 238
17.1	引起注意——用自身实力圈粉 ...224		18.3	打造成网红——"我为自己代言" 240
17.2	有针对性——制作用户喜欢的内容 226		18.4	短视频变现——短小不失趣味...241
17.3	一步到位——塑造口碑，培养粉丝 226		18.5	社群变现——创建微信社群变现 242
17.4	聚集人气——两种实用的吸粉技巧 227		18.6	回访变现——增加客户下单率 243
17.5	主动搜寻——利用特色功能吸粉 228		18.7	渠道变现——发展自己的代理商 244
17.6	线下实体店——轻松实现客户转化 229		18.8	批发变现——批发式营销变现 245
17.7	大号互推——各取所需，实现共赢 230		18.9	IP变现——打造微商IP品牌 246
17.8	学会分享——用真诚打动用户...231		18.10	众筹融资——不同寻常的变现方式 248
17.9	用户至上——抓住客户提高黏性 232			

第 1 章
10 招快速入行,成为抖音高手

学前提示

对于抖音商家来说,抖音平台的运营固然重要,但更重要的还是店铺的运营。毕竟只有通过店铺运营,将店铺中的产品销售出去,抖音商家才能真正赚到钱。

那么,抖音店铺要如何运营呢?本章就从 10 个方面详细讲述抖音店铺运营的技巧。

要点展示

- 推荐机制——熟悉流量推荐机制
- 前期准备——了解用户画像特征
- 遵规守纪——遵守抖音平台规则
- 避开误区——抖音运营注意事项
- 分析数据——对比利用抖音数据
- 注重互动——加强与粉丝的互动
- 保持活跃——把握更新视频频率
- 内容本地化——发布接地气的视频
- 积极展示——引导用户购买产品
- 引起关注——推广种草吸引受众

1.1 推荐机制——熟悉流量推荐机制

抖音沿袭了今日头条的算法推荐模型——根据用户兴趣推荐，从而保证了视频的发布效率及用户体验。了解抖音的推荐算法机制，相应地获取更多的推荐，是一个快速获取流量的方法。

个性化推荐、人工智能图像识别技术是抖音的技术支撑，挑战赛、小道具、丰富多彩的 BGM 则为用户提供了各种各样的玩法，让人既能刷到有趣的视频，又可以快速创作出自己的作品。在笔者看来，抖音的算法机制是极具魅力的，因为抖音的流量分配是去中心化的，它的算法机制可以让每一个有能力产出优质内容的人，都能得到跟"大 V"公平竞争的机会，实现人人都能当明星的可能性。

例如，费启鸣通过"如果你的前男友和现男友同时掉水里，你是否愿意让我做你男朋友？"视频红遍网络，他翻唱过《暖心》《当你孤单你会想起谁》《Love Love Love》等经典曲目，上过湖南卫视金牌节目《快乐大本营》，可谓是星途一片璀璨。而这还要得益于抖音的推荐算法机制，抖音算法机制的好处如图 1-1 所示。

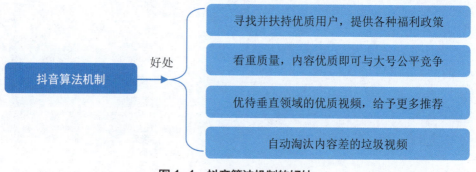

图 1-1 抖音算法机制的好处

同时，用户还必须清楚抖音的推荐算法逻辑。

（1）智能分发：用户即使没有任何粉丝，发布的内容也能够获得部分流量。首次分发以附近和关注为主，并根据用户标签和内容标签进行智能分发。

（2）叠加推荐：结合大数据和人工运营的双重算法机制，优质的短视频会自动获得内容加权，只要转发量、评论量、点赞量、完播率等关键指标达到一定的量级，就会依次获得相应的叠加推荐机会，从而形成爆款短视频。

（3）热度加权：当账号内容获得大量粉丝关注，并经过一层又一层的热度加权后，即有可能进入上百万的大流量池。抖音算法机制中的各项热度的权重依次为：转发量＞评论量＞点赞量，并会自动依据时间顺序"择新去旧"。

如果用户想在一个平台上成功吸粉，首先就要了解这个平台的爱好，知道它喜欢什么样的内容，排斥什么样的内容。用户在抖音发布作品后，抖音对于作品会有一个审核过程，其目的就是筛选优质内容进行推荐，同时杜绝垃圾内容的展示。

抖音的推荐算法和百度等搜索引擎不同，搜索引擎推荐算法主要依靠外链和高权重等，而抖音则是采用循环排名算法，根据作品的热度进行排名，其公式如下：

$$热度 = 播放次数 + 喜欢次数 + 评论次数$$

那么机器人是怎么判断视频是否受大家的喜欢呢？已知的规律有两条：
（1）用户观看视频时间的长短；
（2）视频评论数的多少。

抖音给每一个作品都提供了一个流量池，无论是不是大号、作品质量如何，每个短视频发布后的传播效果，都取决于作品在这个流量池里的表现。因此，我们要珍惜这个流量池，想办法让我们的作品在这个流量池中有突出的表现。

一般新拍的抖音短视频作品，获得的点赞数和评论越多，用户观看时间越长，那么推荐的次数也就越多，自然获得的曝光量就会很好，从而会增加获得推荐的概率。基于已知的算法机制，总结了下面三条经验，以此来提高抖音号的价值。

（1）想办法延长用户停留时间。用户可以美化短视频封面，设置一个悬疑的开头，或者打造一个惊人的出场方式，这些都是非常有效的方法。

（2）有效的评论区互动法。这个方法是用户最容易忽略的，视频底部优质的评论，是了解用户对视频看法的最直接方式。

（3）尽快建立自己的抖音社群或抖友社群。社群已经成为用户量增长最有效的方式之一，建立社群的目的是增强普通用户之间的黏性，基于同一习惯或者是基于某一类人生观，聚合同一类行为的人群，提高粉丝留存率，然后再利用这部分用户去影响更多的用户。

1.2 前期准备——了解用户画像特征

在目标用户群体定位方面，抖音是由上至下的渗透。抖音在刚开始推出时，市场上已经有很多同类的短视频产品，为了避开与它们的竞争，抖音在用户群体定位上做了一定的差异化策划，选择了同类产品还没有覆盖的那些群体。如图 1-2 所示，为头条指数发布的《2019 版抖音企业蓝 V 白皮书》中的抖音基础用户画像分析。

下面主要从年龄、性别、地域、职业和消费能力 5 个方面分析抖音的用户定位，帮助运营者了解抖音的用户画像和人气特征，更好地做出有针对性的运营策略和精准营销。

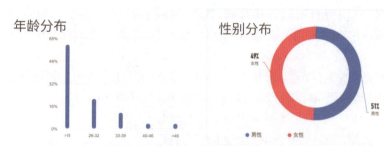

图1-2 某蓝V抖音号基础用户画像分析（数据来源《2019版抖音企业蓝V白皮书》）

1. 年龄：以年轻用户为主

抖音平台上80%的用户在28岁以下，其中20～28岁用户比例最高，也就是"90后"和"00后"为主力人群，整体呈现年轻化趋势。这些人更愿意尝试新的产品，这也是"90后"和"00后"普遍的行为方式。

2. 性别：女性用户比例高于男性用户

QuestMobile的报告显示，抖音用户的男女比例约为3∶7，也就是女性比男性多一半左右。首先，女性居多直接导致的结果就是消费能力比较高，因为大部分的钱都是女性花的；而男性占比较少，相对的消费能力也不强。另外，极光大数据的报告显示，抖音中女性用户的占比达到66.4%，显著高于男性。

3. 地域：分布在一二线城市

抖音从一开始就将目标用户群体指向一二线城市，从而避免了激烈的市场竞争，同时也占据了很大一部分的市场份额。当然，随着抖音的火热，目前也在向小城市蔓延。极光大数据的分析报告显示，一二线城市的人群占比超过61.49%，而且这些地域的用户消费能力也比较强。

4. 职业：大学生、白领和自由职业者

抖音用户的职业主要为白领和自由职业者，同时大学生与踏入社会五年左右的用户也比较常见。另外，这些人都有一个共同的特点，就是特别容易跟风，喜欢流行时尚的东西。

5. 消费能力：愿意尝试新产品

目前抖音的使用人群大部分都属于中等和中高等层次消费者，这些人群突出的表现就是更加容易在抖音上买单，直接导致了他们的消费能力很强。另外，他们的购买行为还会受到营销行为的影响，看到喜欢的东西，更加容易冲动性消费。

1.3 遵规守纪——遵守抖音平台规则

对于运营抖音自媒体的人来说,做原创才是最长久、最靠谱的一件事情。在互联网上,想借助平台成功实现变现,一定要做到遵守平台规则。下面重点介绍抖音的一些平台规则。

1. 不建议做低级搬运

不要搬运带有其他平台特征和图案的作品,抖音平台对这些低级搬运的作品会直接封号或者不给予推荐,因此不建议大家做。

2. 视频必须清晰无广告

作为抖音自媒体运营者,首先要保证视频的质量,不含有低俗、色情等内容;其次要保证视频中不能带有广告,视频尽量清晰。

3. 视频推荐算法机制要知道

首先,给你推荐一批人,比如先给 100 个人看你的视频,这 100 个人就是一个流量池。假如这 100 个人观看视频之后,反馈比较好,有 80 个人完全看完了,有 30 个人给你点赞,有 10 个人发表了评论,系统则会默认你的视频是一个非常受欢迎的视频,因此会再次将视频推荐到下一个流量池。比如,第二次推荐给 1000 个人,再重复该过程,这也是我们经常看到一个热门视频连续好几天都能刷到首页的原因。当然,如果第一批流量池的 100 个人反馈不好,这个视频自然也得不到后续的好的推荐了。

4. 账号权重

笔者之前分析了很多账号,发现抖音上热门普通玩家有一个共同的特点,那就是给别人点赞的作品很多,最少的都上百条。这是一种模仿正常用户的玩法,如果上来就直接发视频,系统可能会判断你的账号是一个营销广告号或者小号,会审核屏蔽的。

具体提高权重的方法如下。

(1)使用头条号登录。用 QQ 号登录今日头条 App,然后在抖音的登录界面选择今日头条即可。因为抖音是今日头条旗下的产品,通过头条号登录,会潜在增加账号权重。

(2)采取正常用户行为。多去给热门作品点赞、评论和转发,选择粉丝越多的账号效果越好。如果想运营好一个抖音号,至少前 5~7 天先不要发表作品,而是在空闲的时候去刷一下别人的视频,然后多多关注和点赞。哪怕后期再取消关注,你也要多做这些工作,让系统觉得你是一个正常的账号。

1.4 避开误区——抖音运营注意事项

短视频运营的工作比较复杂，不仅仅要懂内容，还要懂渠道，能做互动。但是因为内容团队往往没有充足的预算来配备完善的运营团队，所以导致运营者一不小心就会陷入工作误区，抓不住工作重点。

下面给大家介绍最常见的 6 个抖音运营误区。

1. 精力只放在后台的使用

第一个误区就是过度把精力放在后台的使用。很多短视频运营者都是从公众号运营转过来的，在做公众号运营的时候，我们发布之前会先发预览，成功发布之后也会第一时间去浏览，在这些场景中我们都是用户身份。

但是在做短视频运营的时候，我们往往只注重后台操作，发行之后也不会去每个渠道看，这样的做法是非常不对的。因为每个渠道的产品逻辑都不同，如果不注重前台的使用，就无法真正了解这个渠道的用户行为。

2. 不与用户做互动

第二个误区是不与用户做互动，这点很好理解，一般对内容进行评论的都是渠道中相对活跃的用户，及时有效的互动有助于吸引用户的关注，而且渠道方也希望创作者可以带动平台的用户活跃起来。

当然，运营者不用每一条评论都回复，可以筛选一些有想法、有意思或者有价值的评论来回复和互动。

3. 运营渠道非常单一

第三个误区是运营的渠道非常单一。建议大家进行多渠道运营，因为多渠道运营会帮助你发现更多的机会，而且很多渠道可能会在不经意间产生爆款，也能增加一些小惊喜。

4. 没有持续关注渠道动态

第四个误区是没有持续关注渠道动态。运营者一定要持续关注各渠道的动态，一般主要包含三类内容，如图 1-3 所示。

5. 硬追热点

追热点其实是值得推荐的，但是要把握好度，内容上不能超出自己的领域，如果热点与自己的领域和创作风格不一致，千万不能硬追热点。

这点可以在抖音上得到验证。往往一个抖音视频火爆了之后，创作者很难长期留住带来的粉丝。因为很多 UGC 的创作者更多的是去抄袭而不是原创，这样很难持续产出风格统一的作品，所以就算偶然间产出了一两个爆款，也无法黏住粉丝。

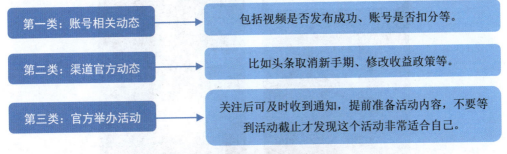

图1-3 持续关注各渠道的动态

6. 从来不做数据分析

误区六就是我们老生常谈的数据分析了，这是一个需要长期进行的事情。数据可以暴露一些纯粹的问题，比如账号在所有渠道的整体播放量下滑，那么肯定是哪里出了问题。不管是主观原因还是客观原因，我们都要第一时间排查，如果只是某个渠道突然下滑，那么就要看是不是这个渠道的政策有了调整。

除了监控之外，数据分析还可以指导我们的运营策略，比如分析受众的活跃时间点、竞争对手的活跃时间点等。

以上是抖音运营中比较常见的6个误区。其实误区还有很多，需要大家在各自的运营工作中去发现问题和寻找解决方法。

1.5 分析数据——对比利用抖音数据

用户在运营抖音时，一定要掌握一些技巧，而不仅仅是录视频和添加背景音乐，发布之后就完成任务了。抖音自媒体同样也要学会数据的分析和运营，这对于后期的短视频运营和优化有很大的帮助。

1. 播放量与点赞量之比

（1）第一种是10：1。一般视频如果有10个赞，就应该会增加一个粉丝。

（2）第二个是100：5。一般100个播放量会产生5个赞，这应该算是一个中等水平的数据，当然很多"网红"相对来说比例会高一点。如果这个比例太低，那么我们就可以判定这个视频内容需要进行优化，以提升点赞量。

2. 抖音号相关数据

在微信小程序里搜索"飞瓜数据"，它囊括了抖音当前行业的排行榜、涨粉榜、蓝V榜、热门视频、热门音乐、热门话题等多组数据，能直观了解抖音大数据，并可以拿来作为参考，如图1-4所示。

图1-4 "飞瓜数据"部分界面

1.6 注重互动——加强与粉丝的互动

"抖商"们在做用户运营的时候,要多维度去给用户一些刺激,讨好用户,比如小任务和小奖励。如帮我点个心,我下一个视频录什么给你们看;或者给我转发,我送你们什么礼物等。总之,抖音运营者要通过标题和评论区来多与用户进行互动,让用户持续关注你的内容,如图1-5所示。

图1-5 通过标题与用户进行互动

1.7 保持活跃——把握更新视频频率

在发布抖音短视频时，笔者建议大家的发布频率是一周至少 2～3 条，然后进行精细化运营，保持视频的活跃度，让每一条视频都尽可能成为热点。至于发布的时间，为了让你的作品能被更多人看到，火得更快，一定要选择抖音粉丝在线人数多的时候。

据统计，饭前和睡前是抖音用户使用最多的时间段，有 62% 的用户会在这段时间看抖音；10.9% 的用户会利用碎片化时间看抖音，如上卫生间或者上班路上。尤其是睡前和周末、节假日，抖音的用户活跃度非常高。笔者建议大家的发布时间最好控制在以下 3 个时间段，如图 1-6 所示。

图 1-6 抖音发布时间的建议

同样的作品在不同的时间段发布，效果肯定是不一样的，因为流量高峰期人多，那么你的作品就有可能被更多人看到。如果用户一次性录制了好几个视频，千万不要同时发布，每个视频发布时间至少要间隔一个小时。

另外，发布时间还需要结合自己的目标客户群体的时间，因为职业的不同、工作性质的不同、行业细分的不同以及内容属性的不同，发布的时间节点也都有所差别。因此用户要结合内容属性和目标人群，选择一个最佳时间点发布内容。再次提醒，最核心的一点就是在人多的时候发布，这样得到的曝光和推荐概率会大很多。

1.8 内容本地化——发布接地气的视频

抖音的本地化运营也非常重要，这里说一个比例，那就是一千万比一百万，也就是说一个一千万人口的城市当中，一天就会有一百万人去刷抖音。因为在抖音发布短视频后，会先被推给附近的人看，然后根据标签进行推荐。这是一个本地化的人口红利，建议大家要多做本地化的内容，这样更便于后期的商业变现。

另外，很多人所在的城市有上千万人口，按理说抖音用户应该也在百万以上，但为什么自己发的视频播放量却只有几百呢？其实，这是每个抖音运营者都需要面对的一个坎，你的视频发布之后，可能一段时间都会持续在几百个播放量。在这种情况下，建议大家可以用一些技术去加推视频，让视频播放量突破这个坎。

因为抖音是基于兴趣推荐的，每个用户其实就是一个标签，如做美食类的用户就有"美食吃货"这样的标签，抖音就是根据以往这些用户的兴趣爱好来推荐的。抖音属于今日头条体系的产品，同样会根据视频内容，或者视频的标签进行匹配，所以大家在标题上也要多花一点功夫。

例如，做美食内容的视频，可以在标题中多次强调"好吃"这样的关键词，如图1-7所示，从而匹配到更多精准用户，甚至吸引他们购买你的产品或者进入你的店铺去消费。

图1-7　关键词强调

1.9　积极展示——引导用户购买产品

对于"抖商"来说，抖音是一个展示产品、推广产品的绝佳平台。通常来说，"抖商"可以通过三种途径展示产品，增强产品的吸引力。

1. 标题

许多人看短视频时，都会比较关注它的标题。所以，"抖商"在展示产品的过程中，如果能够给短视频取一个有吸引力的标题，那么，受众自然会愿意看你的短视频，甚至是受到视频的引导，直接下单购买。

图1-8所示为抖音中通过标题展示产品的短视频案例。在这两个案例中，一个短视频标题是说这个旅游景点很浪漫，看到这个标题，估计很多人都想去秦皇岛旅游；另一个短视频的标题是引导观众来猜谁是儿媳，谁是婆婆，看到这个标题之后，很多女性朋友就可能有购买这款衣服的冲动。

图 1-8　通过标题展示产品

2. 话题

大多数人都会特别关注自己感兴趣的话题，如果抖商在抖音中通过话题展示产品，就可以让对该话题，甚至是对该产品感兴趣的受众看到短视频，从而达到精准营销的目的。如图 1-9 所示，两者都用了如"穿搭""街拍""时尚"等话题，加之模特穿搭效果好，女性受众看了后很可能会更愿意购买视频中的同款服饰。

图 1-9　通过话题展示产品

3. 心得

通过心得展示产品，就如同现身说法。这种做法的好处就在于，可以让受众了解产品的使用效果，增强产品对受众的吸引力。

如图 1-10 所示为通过心得展示产品的案例，可以看到这两个视频的文字介绍中都重点展示了产品的使用心得。而看到心得之后，受众会觉得视频中的产品比较实用、有价值，这样自然会愿意购买。

图 1-10　通过心得展示产品

1.10　引起关注——推广种草吸引受众

在产品还未正式上线时，许多商家都会通过推广种草的形式，提高目标消费群体的关注度。在抖音中，抖商也可以通过两种推广种草的形式促进产品的推广。

1. 文字或口播形式

抖音短视频主要由画面和声音两个部分组成，抖商可以针对这两个部分分别进行推广种草。

画面部分，抖商可以让推广的相关文字出现在画面中，如图 1-11 所示的短视频便是采取这种方式；声音部分，抖商可以通过口播的方式向受众传达产品信息，增强产品对受众的吸引力，实现推广种草。

2. 给出一定优惠折扣

消费者都是趋利的，许多消费者为了买到更便宜的产品，会货比三家。所以，当抖商在抖音中发布推广信息时，消费者很可能会对商品的价值进行一个评估。此时，如果在推广中给出一定优惠的折扣，消费者就会觉得已经便宜了不少，这样的产品自然也就更值得购买了。如图 1-12 所示，可以看到这两个短视频中产品优惠力度相对来说比较大。

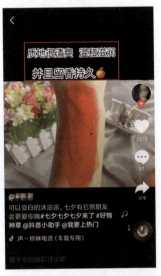

图 1-11 让推广的相关文字出现在画面中

图 1-12 给出一定的优惠折扣

第 2 章
10 个引流技巧,轻松上抖音热门

学前提示

对于抖音商家来说,要想获取可观的收益,就必须获得足够的流量,通过扩大用户群来保证自身的收益。那么,抖音商家要如何实现快速引流,实现流量聚合呢?

本章重点解读抖商快速引流的方法,让大家可以快速聚集大量用户,实现品牌和产品的高效传播。

要点展示

- 视频引流——通过相关视频吸粉
- 热门引流——通过热门作品涨粉
- 热搜引流——通过抖音热搜引流
- 广告引流——通过硬性广告引流
- 互推引流——通过账号互推涨粉
- 矩阵引流——通过矩阵账号引流
- 直播引流——通过抖音直播引流
- 平台引流1——通过社交平台引流
- 平台引流2——通过音乐平台引流
- 线下引流——通过线下渠道引流

2.1 视频引流——通过相关视频吸粉

抖音聚合了大量的短视频信息,同时也聚合了很多流量。对于"抖商"来说,如何通过抖音引流,让它为己所用才是关键。下面将介绍一个非常简单的抖音引流方法——视频引流,手把手教你通过抖音获取大量粉丝。

1. 原创视频

有短视频制作能力的"抖商",原创引流是最好的选择。"抖商"可以把制作好的原创短视频发布到抖音平台,同时在账号资料部分进行引流,如昵称、个人简介等地方都可以留下联系方式,如图2-1所示。

图2-1 在账号资料部分进行引流

注意,不要在其中直接标注"微信"两个字,而是用拼音简写、同音字或其他相关符号来代替。原创短视频的播放量越大,曝光率越高,引流的效果也就会越好。

抖音上的年轻用户偏爱热门和创意有趣的内容,同时在官方介绍中,抖音鼓励的视频是:场景、画面清晰,记录自己的日常生活,内容健康向上,多人类、剧情类、才艺类、心得分享、搞笑等多样化内容,不拘于一个风格。抖商在制作原创短视频内容时,可以记住这些原则,以让作品获得更多推荐。

2. 搬运视频

抖商可以将微视、西瓜视频、快手、火山小视频以及秒拍等短视频平台上的内容搬运到抖音平台上,具体方法如下。

(1) 先打开去水印视频解析网站,然后打开要搬运的视频,并把要搬运视频的网址放到解析网站的方框内,然后点击"解析视频"按钮,解析完成后即可下载,从而得到没有水印的视频文件。如图 2-2 所示,为抖音短视频解析下载网站。

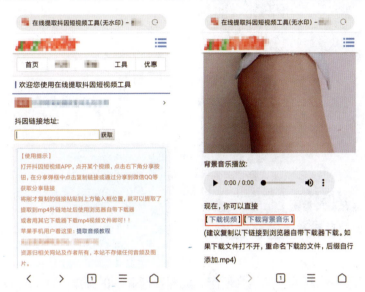

图 2-2　抖音短视频解析下载网站

(2) 用格式工厂或 inshot 视频图片编辑软件对视频进行剪辑和修改,修改视频的 MD5 值,即可得到"伪原创"的视频文件。

(3) 把搬运来的视频上传到抖音,同时在抖音账号的资料部分进行引流,以便粉丝添加。

2.2　热门引流——通过热门作品涨粉

热门作品引流法主要是通过关注同行业或同领域的相关账号,评论他们的热门作品,并在评论中打广告,给自己的账号或者产品引流。例如,卖女性产品的抖商可以多关注一些护肤、美容等相关账号,因为关注这些账号的粉丝大多是女性群体。

抖商可以到"网红大咖"或者同行发布的短视频评论区进行评论,评论的内容可以直接复制粘贴引流话术。评论热门作品引流主要有两种方法。

(1) 直接评论热门作品:特点是流量大、竞争大。

(2) 评论同行的作品:特点是流量小,但是粉丝精准。

例如,做减肥产品的抖商,在抖音中搜索减肥类的关键词,即可找到很多同行的热门作品,如图2-3所示。

图2-3 评论热门作品引流

抖商可以将这两种方法结合使用,同时注意评论的频率。还有,评论的内容不能千篇一律,不能带有敏感词。

评论热门作品引流法有两个小诀窍,具体方法如下。

(1) 用小号评论当前热门作品。评论内容可以写:想看更多精彩视频请点击→→@你的大号。另外,小号的头像和个人简介等资料,都是用户第一眼看到的东西,因此要尽量给人很专业的感觉。

(2) 直接用大号回复热门作品:想看更多好玩视频请点我。注意,大号不要频繁进行这种操作,建议一小时内评论2~3次即可,因为太频繁的评论可能会被系统禁言。这么做的目的是直接引流,把别人热门作品里的用户流量直接引入到你的作品里。

2.3 热搜引流——通过抖音热搜引流

对于短视频创作者来说,蹭热词已经成为一项重要的技能。用户可以利用抖音热搜寻找当下的热词,并让自己的短视频高度匹配这些热词,得到更多曝光的机会。下面总结了4个利用抖音热搜引流的方法。

1. 视频标题文案紧扣热词

如果某个热词的搜索结果只有相关的视频内容,这时视频标题文案就尤为重要了，用户可以在文案中完整地写出这些关键词，提升搜索匹配度的优先级别。

2. 视频话题与热词吻合

以周杰伦新歌"说好不哭"的热词为例，搜索结果中可以看到大量相关的视频。从视频搜索结果来看，映入眼帘的就有"说好不哭"这个关键词的视频，如图 2-4 所示。

图 2-4 "说好不哭"的搜索结果

3. 视频选用 BGM 与热词关联度高

例如，从"风筝误"这一热搜词返回的搜索结果来看，部分抖音短视频从文案到标签，都没有"风筝误"的字样。这些短视频能得到曝光机会，是因为 BGM 使用了《风筝误》这首歌，如图 2-5 所示。因此，通过使用与热词关联度高的 BGM，同样可以提高视频的曝光率。

4. 账号命名踩中热词

这种方法比较取巧，甚至需要一些运气，但对于跟热词相关的垂直账号来说，一旦账号命名踩中热词，曝光概率会大幅增加。比如，热词"有氧运动"真正带火的可能是健身操视频，但是部分抖音号命名踩中热词，也上了热榜，曝光得到大幅增加，如图 2-6 所示。

图 2-5 视频选用 BGM 与热词关联度高

图 2-6 账号命名踩中热词

2.4 广告引流——通过硬性广告引流

硬性广告引流法是指在短视频中直接进行产品或品牌展示。建议用户购买一个摄像棚，将平时在朋友圈得到的反馈图全部整理出来，制作成照片电影来发布视频，如减肥前后的效果对比图、美白前后的效果对比图等。

例如，伊利的抖音官方账号推出了"全民抢火炬"活动，让大家在视频中和傅园慧跨屏抢冰淇淋，如图 2-7 所示。

图 2-7 伊利"全民抢火炬"活动

2.5 互推引流——通过账号互推涨粉

互推指的是直接在抖音上与其他用户合作，互推账号。这时，抖商还要注意一些基本原则，并将这些原则作为我们选择合作对象的依据，如图2-8所示。

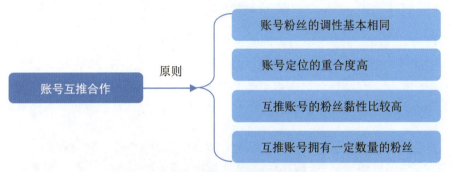

图 2-8　账号互推的基本原则

不管是个人号还是企业号，在选择合作互推的账号时，还需要掌握一些账号互推的技巧，其方法如图2-9所示。

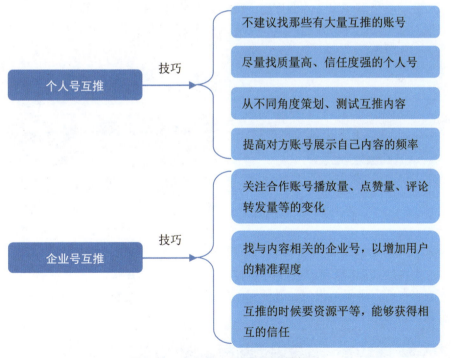

图 2-9　个人号和企业号的互推技巧

随着抖音在人们生活中出现的频率越来越高，使它不再仅仅只是一个短视频社交工具，同时也成了一个重要的商务营销平台。通过互推，别人的人脉资源也能很快成为你的人脉资源，长久下去，互推会极大地拓宽你的人脉圈。有了人脉，还怕没生意吗？

2.6 矩阵引流——通过矩阵账号引流

抖音矩阵是指通过同时做不同的账号运营，来打造一个稳定的粉丝流量池。道理很简单，做1个抖音号也是做，做10个抖音号也是做，同时做可以为你带来更多的收获。打造抖音矩阵基本都需要团队的支持，至少要配置2名主播、1个拍摄人员、1个后期剪辑人员以及1个推广营销人员，从而保证多账号矩阵的顺利运营。

抖音矩阵的好处很多，首先可以全方位地展现品牌特点，扩大影响力；而且还可以形成链式传播来进行内部引流，大幅度提升粉丝数量。例如，现有的"乐客系列矩阵"包括的账号有：商业小纸条、一派狂言、崔磊说、乐客独角兽、小小纸条说商业等，且每个抖音号都拥有一定数量的粉丝。

抖音矩阵可以最大限度地降低多账号运营风险，这和投资理财强调的"不把鸡蛋放在同一个篮子里"的道理是一样的。多账号一起运营，无论是做活动还是引流吸粉都可以达到很好的效果。但是，在打造抖音矩阵时，还有很多注意事项，如图2-10所示。

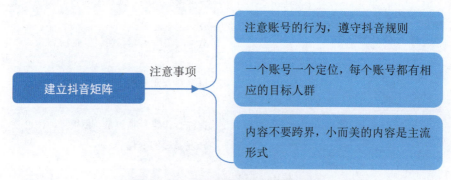

图2-10 建立抖音矩阵的注意事项

这里再次强调抖音矩阵的账号定位，它非常重要，每个账号角色的定位不能过高或者过低，更不能错位，既要保证主账号的发展，也要让子账号能够得到很好的成长。

2.7 直播引流——通过抖音直播引流

如今，直播借着短视频平台又再次回到了人们的视野，用户只需要一部手机即可快速直播，但直播的竞争却非常残酷，因此所有主播都需要掌握吸粉引流的技巧，让自己快速"火"起来。

1. 定位清晰

精准的定位可以形成个性化的人设，有利于将自己打造成一个细分领域的专业形象，能够在最短的时间里获得大量粉丝。

2. 内容垂直

根据自己的定位来策划垂直领域的内容。在直播前可以先列一个大纲，然后再围绕这个大纲细化具体的直播过程，并准备好相关的道具、歌曲和剧本等。在直播过程中，还需要关注粉丝的动态，有人进来时，记得打招呼，有人提问时，记得回复一下。

3. 特色名字

起名字时，需要根据不同的平台受众来设置不同的名称，同时符合自己的定位，让人产生信赖感。

4. 专业布景

直播的环境不仅要干净整洁，而且也需要符合自己的内容定位，给观众带来好的直观印象。例如，以卖货为主的直播环境中，可以在背景里挂一些商品样品，商品的摆设要整齐，房间的灯光要明亮，从而突出产品的品质。

5. 聊天话题

主播可以制造热议话题来为自己的直播间快速积攒人气，"话痨好过哑巴"。但话题内容一定要健康、积极、向上，要符合法律法规和平台规则。在直播过程中，不仅要用高质量的内容吸引观众，而且要随时引导新进来的观众关注你的账号，成为你的粉丝。

6. 互动活动

如果在直播时，观众都比较冷淡，此时也可以另外找一个人跟你互动，两个人一起来打造直播间的热闹氛围，不至于因没有话题而陷于尴尬境地。另外，主播也可以选择一些老观众进行互动，主动跟他们聊天，最大限度地提升粉丝黏性。

7. 准时开播

直播的时间最好能够固定，因为很多粉丝都是利用闲暇时间来看直播的，直播时间一定要跟他们的空闲时间重合，这样他们才有时间看直播。因此，主播最好找到粉丝活跃度最大的时间段，然后每天定时定点直播。

8. 抱团吸粉

可以和一些内容定位相近的主播搞好关系,成为朋友,这样可以相互推广、互相照顾。当大家都有一定粉丝基础后,主播还可以带领自己的粉丝去朋友的直播间"查房",这样不仅可以活跃直播间的氛围,而且能够很好地留住粉丝。"查房"是直播平台中的一种常用引流手段,主要是依靠大主播的人气流量来带动不知名的小主播,形成一个良好的循环,促进粉丝消费。

9. 营销自己

抖音通常会给中小主播分配一些地域流量,如首页推荐或者其他分页的顶部推荐,让你处于一个较好的引流位置,此时主播一定要抓住这个机会来推广自己、营销自己。

10. 维护粉丝

通过直播积累一定的粉丝量后,一定要做好粉丝的沉淀,将他们导流到微信群、公众号等平台,以便更好地与粉丝进行交流沟通,表现出你对他们的重视。平时不直播的时候,也可以多给粉丝送福利、发红包或者优惠券等,最大化用户存留,挖掘粉丝经济,实现多次营销。

直播引流的技巧可以总结为三点:"内容+互动+福利",内容展现价值,互动增进感情,福利触发交易。

2.8 平台引流 1——通过社交平台引流

除了在抖音内进行引流之外,抖商还可以跨平台引流,实现内容的广泛传播,获取更多目标用户。这一节,笔者就来重点介绍抖商需要重点把握的社交引流平台(以朋友圈、腾讯 QQ 和新浪微博为例)。

1. 朋友圈

对于抖商来说,朋友圈这一平台,虽然一次传播的范围较小,但是从对接收者的影响程度来说,具有其他一些平台无法比拟的优势,如图 2-11 所示。

那么,在朋友圈中进行抖音短视频推广,抖商该注意什么呢?在笔者看来,有三个方面是需要重点关注的,具体分析如下。

(1)抖商在拍摄视频时,要注意开始拍摄时画面的美观性。因为推送到朋友圈的视频,是不能自主设置封面的,它显示的就是开始拍摄时的画面。当然,运营者也可以通过视频剪辑的方式保证推送视频"封面"的美观度。

(2)抖商在推广短视频时,要做好文字描述。一般来说,呈现在朋友圈中的短视频,好友第一眼看到的就是其"封面",没有太多信息能让受众了解该视频的内容。因此，在短视频之前要把重要的信息放上去，这样的设置，一来有助于受众了解短视频，二来若设置得好，可以吸引受众点击播放。

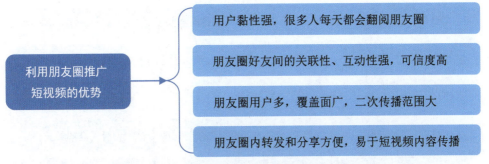

图 2-11 利用朋友圈推广短视频的优势分析

（3）抖商利用短视频推广商品时，要利用好朋友圈评论功能。朋友圈中的文本如果字数太多，会被折叠起来。为了完整展示信息，运营者可以将重要信息放在评论里进行展示，这也是一种比较聪明的推广短视频的方法。

2. 腾讯 QQ

腾讯 QQ 有两大推广利器，一是 QQ 群；二是 QQ 空间。我们先来看看 QQ 群如何做推广引流。

无论是微信群还是 QQ 群，如果没有设置"消息免打扰"的话，群内任何人发布信息，群内其他人都会收到提示信息。因此，与朋友圈和微信订阅号不同，通过微信群和 QQ 群推广短视频，可以让推广信息直达受众，受众关注和播放的可能性也就更大。

由于微信群和 QQ 群内的用户都是基于一定目标、兴趣而聚集在一起的，因此，如果运营者推广的是专业类的视频内容，那么可以选择这一类平台。

另外，相对于微信群需要推荐才能加群而言，QQ 明显更易于添加和推广。目前，QQ 群分出了许多热门分类，抖商可以通过查找同类群的方式加入进去，然后再通过短视频进行推广。QQ 群推广方法主要包括 QQ 群相册、QQ 群公告、QQ 群论坛、QQ 群共享、QQ 群动态和 QQ 群话题等。

比如利用 QQ 群话题来推广短视频，运营者可以通过相应人群感兴趣的话题来引导 QQ 群用户的注意力。如在摄影群里，可以首先提出一个摄影人士普遍感觉比较有难度的摄影场景，引导大家评论，然后运营者再适时分享一个能解决这一摄影问题的短视频。这样的话，有兴趣的用户一定不会错过。

QQ 空间是短视频运营者可以充分利用的一个好地方。当然，运营者首先应该建立一个昵称与短视频运营账号相同的 QQ 号，这样才有利于积攒人气，吸引更多人前来关注和观看。下面就为大家具体介绍 7 种常见的 QQ 空间推广方法，如图 2-12 所示。

QQ 空间推广方法	说明
QQ 空间链接推广	利用"小视频"功能发布短视频，好友可以点击查看
QQ 认证空间推广	订阅与产品相关的人气认证空间，更新动态时马上评论
QQ 空间生日栏推广	通过"好友生日"栏提醒好友，引导好友查看你的动态
QQ 空间日志推广	在日志中放入短视频账号相关资料，吸引受众的关注度
QQ 空间说说推广	QQ 签名同步更新至说说，用一句话激起受众的关注
QQ 空间相册推广	很多人加 QQ 会查看相册，所以相册也是一个引流工具
QQ 空间分享推广	利用分享功能分享短视频信息，好友点击标题即可查看

图 2-12　7 种常见的 QQ 空间推广方法

3. 新浪微博

在微博平台上，运营者主要是依靠两大功能来实现视频推广目标，即"@"功能和热门话题。图 2-13 所示为"小米手机"通过"@"某明星来推广短视频和产品以吸引用户关注的案例。

图 2-13　"小米手机"的微博借助明星推广

首先，在进行微博推广的过程中，"@"这个功能非常重要。在博文里可以"@"明星、媒体、企业，如果媒体或名人回复了你的内容，就能借助他们的粉丝扩大自己的影响。若明星在博文下方评论，则会受到很多粉丝及微博用户关注，那么短视频定会被推广出去。

其次，微博"热门话题"是一个制造热点信息的地方，也是聚集网民数量最多的地方。抖商要利用好这些话题，推广自己的短视频，发表自己的看法和感想，提高阅读和浏览量。

2.9　平台引流2——通过音乐平台引流

抖音短视频与音乐是分不开的，因此用户还可以借助各种音乐平台来给自己的抖音号引流，常用的有网易云音乐、虾米音乐和酷狗音乐。

以网易云音乐为例，这是一款专注于发现与分享的音乐产品，依托专业音乐人、DJ（打碟工作者）、好友推荐及社交功能，为用户打造全新的音乐生活。网易云音乐的受众是一群有一定音乐素养的、教育水平较高、收入水平较高的年轻人，这和抖音的目标受众重合度非常高，因此成为了抖音引流的最佳音乐平台之一。

用户可以利用网易云音乐的音乐社区和评论功能，对自己的抖音进行宣传和推广。例如，抖音原创音乐人马良就非常善于利用网易云音乐进行引流，他在抖音上发布的歌曲包括《往后余生》等都被粉丝广泛使用，而《往后余生》这首歌还入选了第26届东方风云榜音乐盛典十大金曲。

马良在网易云音乐平台对自己歌曲的宣传也做了很多努力，在歌曲评论区和粉丝进行深度互动。如图2-14所示，为马良在网易云评论区与粉丝互动。

图2-14　马良在网易云音乐上和网友互动

因此，评论推广是音乐平台引流的有效方法。在抖音上，会对使用某首音乐的视频进行排名。而对于抖商来说，使用热门音乐作为视频背景音乐，且让视频排名靠前，也能起到一定的引流作用。

2.10 线下引流——通过线下渠道引流

抖商的引流是多方向的,既可以从抖音或者跨平台引流到抖音号本身,也可以将抖音流量引导至其他线上平台。本地化的抖音号,还可以通过抖音给自己的线下实体店铺引流。

例如,"答案茶""土耳其冰淇淋"、CoCo 奶茶、宜家冰淇淋等线下店铺通过抖音吸引了大量粉丝前往消费。特别是"答案茶",仅凭抖音短短几个月就招收了几百家代理加盟店。如图 2-15 所示,为"答案茶"通过抖音拍摄线下视频的相关界面。

图 2-15 "答案茶"通过抖音拍摄线下视频的相关界面

用抖音给线下店铺引流最好的方式就是开通企业号,利用"认领 POI 地址"功能,在 POI 地址页展示店铺的基本信息,让抖音用户可以根据地址页展示的信息找到线下实体店,从而实现线上到线下的流量转化。当然,要想成功引流,用户还必须持续输出优质的内容、保证稳定的更新频率以及与用户多互动,并打造好自己的产品。做到这些,就可以为店铺带来长期的流量。

第 3 章
10 种方式，玩转抖音短视频赚钱

学前提示

抖音无时无刻不在产生巨大的流量，而"抖商"们通过一些卖货渠道即可获得收益。这些卖货的渠道可以是"抖商"的自营电商，也可以是以淘宝客形式，或者是线下店铺，它们都能带来大量的流量转化，让"抖商"有利可图。

要点展示

- 广告变现——最传统的变现方式
- 电商变现——最直接的变现方式
- 知识付费——"我以此才换彼财"
- 流量变现——流量带来巨大红利
- 直播礼物——玩着玩着把钱赚了
- 直播带货——抖音最"火"变现方式
- 拓展渠道——通过抖音衍生变现
- 增值变现——通过内容IP变现
- 平台导粉——打造完美商业闭环
- 线下导流——拓展实体店客户

3.1 广告变现——最传统的变现方式

"抖商"要想通过短视频广告来赚钱,就必须清楚它的基本组成角色和流程。短视频广告合作中所涉及的角色主要包括广告主、广告代理公司以及短视频团队。

1. 广告主

广告主也就是品牌、企业或者商家等有推广需求的人或组织,是广告活动的发布者,或者是销售或宣传自己产品和服务的商家,同时也可能是联盟营销广告的提供者。通俗点说,广告主就是出钱做广告的人。

近年来,在视频移动化、资讯视频化以及视频社交化趋势的带动下,加速了移动短视频的全面井喷爆发,同时也让流量从 PC 端大量流入移动端。短视频广告不仅投入成本比传统广告更低,而且覆盖的人群也更加精准,同时植入产品的成长性更强,可以有效触达品牌受众。因此,为品牌进行定制化的短视频广告,成为了广告主采购时的标配。

(1) 智能技术定制。制作创意产品,通过各种魔术般的炫酷技术、转场和效果对比等,在不同场景下,充分演绎产品特性。

(2) 挑战赛。通过挑战赛话题的圈层传播,吸引更多用户的参与,并有效将用户引导至天猫旗舰店,形成转化。

2. 广告代理公司

广告代理公司扮演了一个非常专业的角色,能够为广告主提供定制化的全流程广告代理服务,同时拥有更多的广告渠道资源和达人资源,能够制作精美的、贴合品牌调性的短视频广告。

当然,在短视频广告变现流程中,广告代理公司的角色是可有可无的,因为广告主可以直接和达人对接,能够节省大量的广告费用,同时达人也能够获得更多收益。但是,很多大型企业和大品牌仍然会选择广告代理公司来合作,不仅仅是因为他们的渠道和资源优势,而且他们的渠道管理能力和视觉包装能力也是小团队不能比的。广告代理公司通常会实行集中化和标准化运作,在整体规划下进行专业化分工,使复杂的短视频广告业务简单化,以提高经营效益。

3. 短视频团队

短视频团队是短视频广告变现最终的"落地者",他们肩负了策划拍摄、内容制作、后期剪辑等一系列短视频创作工作,对短视频广告的曝光和转化产生直接影响。

对于短视频团队这个角色来说,他们不仅仅只是为广告主拍摄广告视频,而且要怀着为粉丝提供优质内容的心态,这样才能吸引到粉丝的关注和参与,内容才是短视频的真谛,而这些被内容吸引过来的粉丝,就是短视频团队的财富。短视频团队只有转变传统的广告思维,注重内容,注重用户体验,才能让粉丝的痛点和广告主的宣传需求完美结合起来,打造出高转化的短视频广告作品。

在短视频领域中,对于那些拥有众多粉丝的账号和达人来说,广告是最简单直接的变现方式,他们只需在自己的平台或短视频内容中植入广告主的广告,即可获得一笔不菲的收入。

4. 短视频广告合作的变现方式

广告变现是短视频盈利的常用方法,也是比较高效的一种变现模式,而且短视频平台的广告形式可以分为很多种,比如冠名广告、浮窗LOGO、植入广告、贴片广告以及品牌广告等。创意植入广告可以说是短视频创作者直接可见的变现手段,一是收入快,二是有新意。

当然值得注意的是,各大短视频平台运营水平参差不齐,极大地影响了变现的效果,那么,究竟怎样的运营方式才能实现广告变现呢?笔者认为一是要有一定的人气基础,二是植入广告的内容要求优质,如此才能实现广告变现的理想效果。下面分别介绍短视频平台常见的广告变现方式,如图3-1所示。

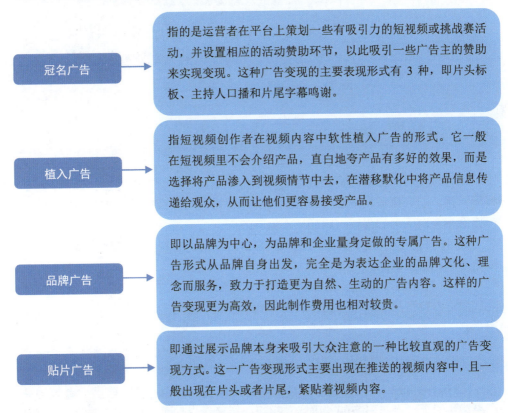

图3-1 常见的短视频广告合作变现方式

5. 短视频广告合作的基本流程

短视频广告合作的基本流程如图 3-2 所示。

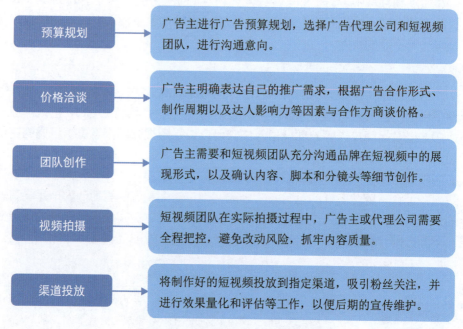

图 3-2　短视频广告合作的基本流程

3.2　电商变现——最直接的变现方式

对于淘宝、天猫店主来说，抖音绝对是一个不容错过的平台。淘宝、天猫店主不仅可以在抖音上对店铺和商品进行宣传和推广，还能通过淘宝、天猫店铺与抖商对接，引导抖音用户直接进店消费。这一方面可以直接通过卖产品变现，另一方面也能对店铺的粉丝积累起到不错的效果。

具体来说，当淘宝、天猫店铺与抖音做好对接时，抖音用户可以通过如下步骤进入店铺购买商品。

（1）在抖音短视频的播放界面，点击带有淘宝、天猫店铺的商品链接，操作完成后进入抖音商品详情界面，点击界面下方的"去淘宝看看"按钮，如图 3-3 所示。

（2）自动跳转淘宝（或天猫）店铺商品详情界面之后，点击下方的"立即购买"按钮。

（3）操作完成后，在弹出的对话框中选择尺码、颜色分类、购买数量等相关产品购买信息；点击下方的"确定"按钮，抖音用户只需支付对应的金额，便可以完成商品的选购。

图 3-3 抖音商品详情界面和"去淘宝购买"按钮界面

淘宝、天猫店铺对接抖音平台直接的作用就是提高视频中商品的销量。除此之外，这也是将抖音用户引导至店铺，积累店铺粉丝的一种有效方法。而当抖音用户变成淘宝、天猫店铺的粉丝之后，再次进店购物的概率相对来说通常还是比较高的，这便为店铺获得了持续有力的购买力。

3.3 知识付费——"我以此才换彼财"

目前，内容市场上的主流盈利做法是"内容免费，广告赞助"，而知识交易则完全相反，正如罗振宇提倡的"知识转化为交易"一样，它是一种直接收费的内容盈利模式。例如，"短书"就是一个知识付费平台，结合直播等方式和知识付费变现模式，用户可以用直播形式教授课程，从而将自己的知识得到变现，实现知识的附加价值，如图3-4所示。

另外，大 IP 还可以用培训课程、考研教育等模式变现，这些方法非常适合一些做知识类方向的短视频"抖商"。

图 3-4 "短书"平台的知识变现模式

3.4 流量变现——流量带来巨大红利

流量变现已经是各大互联网平台上最常见的商业变现方式了，这种变现方式具有强大的商业价值。流量变现其主要的方式就是将粉丝变成流量，再将流量变成消费变现的一个过程。

在一个平台上，不管是浏览量还是点击数，这种以粉丝行为构成的数据都可以称之为流量，想要一个产品达到高销售额，靠的就是这些粉丝流量。本节主要来讲讲如何利用粉丝流量达到涨销量和商业变现的目的。

细心的用户可能会发现，曾一度备受追捧的抖音精选标签已经悄然消失，取而代之的是为商家打开的软广大门——"精彩推荐"。抖音小助手的官方抖音账号每周都会发出一条"抖音1周精品"的视频合辑，向看抖音的用户展示既彰显个性又创意十足的精选视频，如图3-5所示。

图3-5 "抖音1周精品"示例

抖音精选标签下线后，新发布的视频不再加"精选"字样，当然以前"加精"的视频图标也不会被去掉。

随着精选标的下线，抖音在消息页面的入口处增加了一个新消息模块——"精彩推荐"，每天更新1条官推的精彩视频。点入官推的视频后，页面样式与首页推荐展示的视频样式一样，无广告标签，但所有官推视频都与软广植入有关，下面通过以下案例来进行分析。

案例1：如图3-6所示，这条软广植入视频的文案是："意大利贴脚鞋垫，以后不用穿鞋了，各种地形都适合"。视频内容很明显就是在推广一款意大利的鞋垫，主要展现这款鞋垫的趣味性，从这条短视频的点赞数就可以看出鞋垫的受欢迎程度。

案例2：如图3-7所示，这条软文植入视频的文案是"以后，老牛会不会天天吃嫩草"。这是某商家推出的一款草坪种子喷洒器，在文案中加入了调皮的语句，视频内容使用蒙太奇的剪辑手法，生动展现了草坪种子喷洒器的神奇之处，观看的用户更容易接受软广的植入。

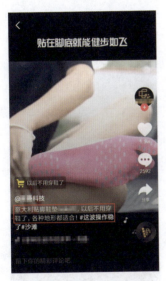

图3-6　短视频软广案例1

图3-7　短视频软广案例2

从以上两个案例中可以发现，"精彩推荐"中官方每日推送的抖音视频虽然都是以软广植入为主，但内容不乏新意。品牌调性与达人风格高度契合，让关注的粉丝因为对达人的信任，从而对品牌有更好的印象，达到投放的预期效果。

随着越来越多品牌主开始在抖音上寻找契合的达人进行广告投放，大量的软广植入视频也出现了内容良莠不齐的现状，甚至招来了粉丝的反感，这对于达人和品牌双方来说都是一种伤害。抖音官方上线的"精彩推荐"无疑为达人和品牌主树立了一个广告内容植入的风向标，它能促进品牌内容生产，保证视频质量。

3.5　直播礼物——玩着玩着把钱赚了

抖音官方曾表示："很多达人已经积累了大量的粉丝，他们也有变现的需要，而直播是一种已被验证的变现方式。此外，抖音的用户主要分布在一二线城市，消费能力也比较强。"

开屏广告、信息流广告、贴纸产品、达人合作产品等广告形式在抖音上已很常见。对于正在尝试各种变现方式的抖音来说,已被上半场验证有效的直播不可错过。

抖音直播对变现的主要意义在于布局内容电商,抖音利用短视频在前期累积的大量粉丝,将凸显变现优势。

目前,抖音直播的抖币和人民币的兑换比例为 10∶1,也就是说一块钱可以购买 10 个抖币,如图 3-8 所示。主播分成在不签约的情况下是 3∶7,可以通过银行卡和支付宝进行提现,如图 3-9 所示。

图 3-8　兑换比例

图 3-9　提现方式

虽然直播在许多人看来就是在玩,毕竟大多数直播都只是一种娱乐。但是,不可否认的一点是,只要玩得好,玩着就能把钱给赚了。因为主播们可以通过直播获得粉丝的打赏,而打赏的这些礼物又可以直接兑换成钱。

要通过粉丝送礼玩着就把钱赚了,首先需要主播拥有一定的人气。这就要求主播自身要有某些过人之处,还要选择一个拥有一定流量的直播平台。只有这样,才能快速积累粉丝数量。

3.6　直播带货——抖音最"火"变现方式

通过直播,主播可以获得一定的流量。如果抖商能够借用这些流量进行产品销售,让受众边看边买,可以直接将主播的粉丝变成店铺的潜在消费者。而且相比于传统的图文营销,这种直播导购的方式可以让用户更直观地把握产品,它取得的营销效果往往也要更好一些。

如图 3-10 所示为某美食 PK 直播的相关界面，如果观众想要购买某件商品，只需点击该商品后方的"去看看"按钮，便可直达该商品的购买界面。

图 3-10 某美食直播的相关界面

在通过电商导购进行变现的过程中，需要特别注意两点。

其一，主播一定要懂得带动气氛，吸引用户驻足。这不仅可以刺激用户购买产品，还能通过庞大的在线观看数量，让更多用户主动进入直播间。

其二，要在直播中为用户提供便利的购买渠道。因为有时候用户购买产品只是一瞬间的想法，如果购买方式太麻烦，用户可能会放弃购买。而且在直播中提供购买渠道，也有利于主播为用户及时答疑，增加产品的成交率。

3.7 拓展渠道——通过抖音衍生变现

很多坚持原创的抖音号都成为了"超级 IP"，并且衍生出了很多 IP 附加值来实现变现。如图 3-11 所示，为抖音 IP 衍生变现的主要方式。

图 3-11 抖音 IP 衍生变现的主要方式

例如，费启鸣因为清新和邻家男孩的气质俘虏了众多少男少女的心，迅速在抖音走红，在抖音短视频平台占据一席之地。如图3-12所示为费启鸣在抖音平台的个人主页，费启鸣的账号在抖音上吸粉达到了1913.5万，而且短视频的点赞量大部分都在几十万以上。

图3-12 费启鸣的抖音和短视频内容截图

成名后的费启鸣也开始踏上星途来变现，参加了比较火的综艺节目《快乐大本营》，并出演了刘同新片《我在未来等你》，如图3-13所示。

图3-13 费启鸣参加《快乐大本营》、出演《我在未来等你》

抖音的短视频信息传播方式，可以帮助 IP 吸引相同价值观的粉丝，实现大范围的精准营销变现。随着泛娱乐时代的到来，IP 全产业链价值正在被深度挖掘，那些成名的抖音达人变现的机会也会越来越多。

3.8 增值变现——通过内容 IP 变现

首先，抖商"网红"要想在短视频潮流中"活下去""活得好"，就必须打造强大的变现带货能力，为你的内容输出提供源源不断的资金和资源。

短视频平台也意识到了一点，如抖音、快手等都在全力布局广告、电商等变现生态圈，加速帮助"网红"变现的步伐，增强他们的"生命力"。与此同时，变现带货能力也成为了"网红"是否具备商业价值的重要体现。

相比于美拍、抖音、快手等短视频平台上线购物车或店铺功能，电商京东、淘宝也开启了自己的短视频带货之路。

如京东、淘宝都开通了抖音平台账号，并在里面发布短视频作品进行引流，还在个人简介页面加入了官方链接和联系方式，如图 3-14 和图 3-15 所示。

图 3-14　京东抖音个人主页

图 3-15　淘宝抖音个人主页

从相关数据可以看出，基于抖音的推荐算法，用户都只会或只注意看自己喜欢的内容。因此，品牌如果想要扩散到更广泛的人群，必须在内容上下功夫，此时定位就相当重要了。

例如，在 2019 年上半年那段时间，小米手机凭借着其手机创意短视频，轻松"抖出"庞大的曝光量。为了塑造小米手机高颜值的形象，小米手机在抖音发起"我的颜值 3200 万"互动主题，视频总播放次数超过 74.5 亿，如图 3-16 所示。

图 3-16　小米手机在抖音上的互动主题

因此，品牌定位与 IP 属性相符合，IP 营销自然不会哑炮。做定位的核心标准就是要做到让人第一时间想到你。因此，在进行短视频变现时，品牌与 IP 一定要从内容上建立起强关联，从过去传统的商业化转变为娱乐化，并通过垂直定位打造细分领域的不可替代的影响力。

3.9　平台导粉——打造完美商业闭环

"抖商"若希望自己能够长期获得精准的流量，则必须不断积累，将短视频吸引的粉丝导流到微信平台上，把这些精准的用户圈养在自己的流量池中，并通过不断的导流和转化，让流量池中的水"活"起来，更好地实现变现。

根据 2019 年 1 月 9 日微信官方发布的《2018 微信数据报告》，截至 2018 年 9 月，微信月活用户达到 10.82 亿，每天发送消息 450 亿次，同比增长 18%。这些数据表明，微信不仅有为数众多的用户使用率，而且其消息触达率也非常高。对于如此庞大的流量平台，"抖商"一定要利用好微信，用微信来沉淀流量和维护粉丝。

其一，"抖商"们可以在抖音及直播中，在个人简介或者内容中露出微信，并且通过一定的利益来吸引粉丝添加你的微信，如红包、抽奖、优惠券、赠品或者新品抢购等。

其二，通过各种福利"抖商"不仅可以引导用户分享，形成裂变传播，而且还能在微信平台上深度沉淀用户，对他们进行二次甚至多次营销，将收获的流量反哺到自己的店铺中，这些精准流量带来的转化率是非常可观的。

因此，打造一个"短视频（引流）→微信（导流）→店铺（变现）"的商业闭环，对于"抖商"来说，可以将单个流量的价值成倍放大，获得长久的精准用户。"抖商"常用的微信吸粉方法主要有以下5种。

（1）摇一摇吸粉："摇一摇"是一个有趣的交友功能，"抖商"可以通过微信"摇一摇"方式来利用人们的好奇心与交友欲，将产品宣传出去。

（2）LBS吸粉：位置签名和"附近的人"等LBS功能具有精准定位的作用，给"抖商"在微信中投放促销优惠信息带来了很大的方便，起到了不错的引流作用。

（3）快递吸粉："抖商"可以定制一些"粉丝卡"，放在给买家发送的快递包裹中，写上"加微信领红包"或者参与免单抽奖，吸引粉丝添加你的微信。

（4）内容吸粉：在微信上分享一些粉丝喜欢的内容，如女装店铺可以分享一些新品搭配技巧或者"网红店主"的日常生活，用微信来沉淀店铺的客户。

（5）主动吸粉：通过数据分析筛选出复购频率高、客单价高的优质客户，主动添加他们的微信号（用手机号搜索），但注意要设置好加好友上限，一个微信账号每天不要超过30个。"抖商"可以同时多运营几个微信。

3.10 线下导流——拓展实体店客户

除了线上电商变现外，抖音还可以吸引粉丝前往线下门店消费，助力实体商家类"抖商"变现。尤其是抖音企业蓝V的POI功能，这是一个有效帮助线下实体商家和企业拓展客户的"引流带货利器"。

1. 认证"蓝V"

"抖商"可以进入"抖音官方认证"界面，选择"企业认证"选项进入其界面，在此可以看到需要提供企业营业执照和企业认证公函，以及支付600元/次的认证审核服务费。准备好相关资料后点击"开始认证"按钮，如图3-17所示。

接下来，设置相应的用户名称、手机号码、验证码、发票接收邮箱以及邀请码等，并上传企业营业执照和企业认证公函，点击"开始认证"按钮即可，如图3-18所示。

成功认证"蓝V"企业号后，将享有权威认证标识、头图品牌展示、昵称搜索置顶、昵称锁定保护、商家POI认领、私信自定义回复、DOU+内容营销工具、"转化"模块等多项专属权益，能够帮助企业更好地传递业务信息，与用户建立互动。

2. 门店导流

在短视频信息流中，点击POI标签即可进入店铺详情页，详情页还可以直接通向企业官方账号,以及展现出店铺的推荐产品。同时,本地服务类"抖商"可以利用详情页中的"扫码拍视频领券"功能,在抖音上为自己的线下门店投放优惠券,吸引更多精准流量。

图 3-17　"企业认证"界面

图 3-18　设置企业认证信息

"抖商"可以使用电脑端登录头条号后台,依次进入"抖音→商家运营设置→营销活动→卡券"平台页面,创建一个"扫码拍视频领券"的门店活动,并生成相应的二维码。用户扫描商家提供的二维码,在商家认领的 POI 地址下拍摄视频并发布,即可以领取商家卡券。"扫码拍视频领券"功能非常适合线下流量好的实体店,能够极大地鼓励用户在线上进行创作和分享短视频,这不仅能够吸引更多用户到店消费,还为店铺在抖音增加了曝光量。

例如,星巴克推出"隐藏菜单",即该产品在店铺菜单上并没有,但却可以通过菜单上已有的产品进行搭配,获取新的产品。许多喜欢新奇口味的人开始了"星巴克"隐藏菜单的探索,并分享至抖音平台,使得这些隐藏菜单变得路人皆知。如图 3-19 所示为星巴克"隐藏菜单"的相关视频。

3. 话题挑战

POI 的核心在于用基于地理位置的"兴趣点"来链接用户痛点与企业卖点,从而吸引目标人群。大型的线下品牌企业还可以结合抖音的 POI 与话题挑战赛来进行组合营销,通过提炼品牌特色,找到用户的"兴趣点"来发布相关的话题,这样可以吸引大量感兴趣的用户参与,同时让线下店铺得到大量曝光,而且这种精准流量带来的高转化也会为企业带来高收益。

例如，必胜客推出"DOU出黑，才够WOW"有奖主题挑战活动，吸引了大量抖音用户参与，大量相关视频开始出现在抖音平台中。这一活动起到了为"黑披萨"宣传造势的作用，再加上许多人之前没有吃过"黑披萨"，所以对这种新品也比较好奇，因此许多抖音用户会想要品尝这种新奇的披萨。如图3-20所示为抖音用户拍摄的关于"黑披萨"的相关视频。

图3-19 星巴克"隐藏菜单"

图3-20 "黑披萨"的相关视频

在抖音平台上,只要有人观看你的短视频,就能产生触达。POI 拉近了企业与用户的距离,在短时间内实现最大流量的品牌互动,方便了品牌进行营销推广和商业变现。而且 POI 搭配话题功能和抖音天生的引流带货基因,也让线下店铺的传播效率和用户到店率得到提升。

第 4 章
10 种运营手段，迅速上手今日头条

学前提示

今日头条平台是一个以精准算法而知名的新媒体平台，该平台上很多运营策略都是用数据来实现的，如推荐机制、用户数据、内容数据和创作热点数据等。本章将从数据出发，结合内容分析和创作热点，从而实现指导内容运营的目标。

要点展示

- 用户数据——了解基本用户数据
- 图文数据——增加文章阅读来源
- 打造爆文——捕捉分析热点事件
- 个性推荐——文章内容精准投放
- 偏好内容——把握内容拓展方向
- 偏好关键字——准确反映用户兴趣
- 优化内容——不断提升产品品质
- 推荐判定——了解头条推荐机制
- 善于推广——快速获得高推荐量
- 排查隐患——及时处理相关问题

4.1 用户数据——了解基本用户数据

在今日头条平台上,与头条号的运营息息相关的数据一般包括推荐用户、新增用户和累计用户,下面分别进行介绍。

1. 推荐用户

推荐用户这一数据与文章质量紧密关联:质量好,契合今日头条平台推荐机制,那么当天发布的文章的推荐用户就多;质量差,不符合今日头条平台推荐机制,那么当天发布的文章的推荐用户就少。

那么,推荐用户究竟是什么呢?推荐用户就是平台系统得出的一个关于发布的文章会推荐给多少用户来阅读的数据,这一数据并不是凭空产生的,而是系统通过诸多方面的考虑和评估而给出的。影响推荐用户的主要因素有该头条号在最近一段时间内发布文章的情况、文章内容本身的用户关注热度等。

2. 新增用户

新增用户,顾名思义,就是在原有的用户群体之外,在新的一天内有多少用户关注了头条号。在头条号后台,运营者如果想要查看新增粉丝数据,需要在"主页"页面单击"粉丝管理"按钮,在"粉丝概况"页面进行查看。

在"头条粉丝"区域,可以查看"7天""14天"和"30天"的新增粉丝数。图4-1所示为头条号"手机摄影构图大全"后台中显示的以30天为一个时间区隔的新增粉丝趋势情况的折线图。在该趋势图上,将鼠标指向不同的节点(日期点),还能够看到该日期下的详细的新增人数数据。

图4-1 头条号"手机摄影构图大全"新增粉丝数据趋势折线图

对于运营者来说,观察上图所示的新增粉丝数据的趋势图,有着重大的意义和价值。一方面,根据新增粉丝的趋势情况,可以判断不同时间段的文章推广效果；另一方面，根据趋势图中的新增粉丝数的最高点和最低点，再结合当时发布的内容，可以分析出这两种不同寻常的推广效果出现的原因。

3. 累计用户

在"粉丝概况"页面上方，用大号字体显示了头条号的粉丝数，如图4-2所示，要注意的是，这里的粉丝数包括了与头条号有关的"头条/问答""西瓜"和"抖音"总的数量。

图4-2 头条号粉丝数

而累计用户，在这里就是指头条号当前的粉丝数，即头条号从创立至今，有多少用户在关注，它是每天的新增用户数量和每天的取消关注用户数的差，在头条号运营时间内的总和。在一定程度上，累计用户数量可以说是代表了头条号的运营成果。

4.2 图文数据——增加文章阅读来源

在"数据分析"页面，运营者单击页面上方"图文分析"按钮，即可切换到"图文"页面下，在该页面的"图文数据"标签下显示了"图文分析"页面的内容，从中可以得出以下运营结论。

(1) 高推荐量是基础。图文内容只有具有高推荐量，才能在更广的范围内被受众看到，这样才能提升用户阅读的可能性，相应的，评论量、涨粉量、收藏量和转发量也才能更高。

否则，在推荐量很少的情况下，即使文章质量再好、阅读率再高（阅读率＝阅读量÷推荐量），那么其阅读量还是有限的，后面的几项数据自然也就很少或几乎没有。因此，通过多方面努力提升推荐量是运营的基础。

(2) 价值展示很重要。在有了高推荐量的基础上，标题中的价值展示很重要。由图可知，在阅读量、评论量、收藏量和转发量方面数据较高的前3名无一不是在标题中展示了阅读者所能获得价值的文章——"教程""技巧"，有时搭配上技巧的使用场景，会使推广效果更好。

每篇文章的"操作"栏下方，有一个"详细分析"按钮，单击该按钮即可进入单篇文章内容的数据"详细分析"页面。在该页面，包括了 4 个区域的内容，如图 4-3、图 4-4 和图 4-5 所示。

图 4-3　文章阅读数据概况区域

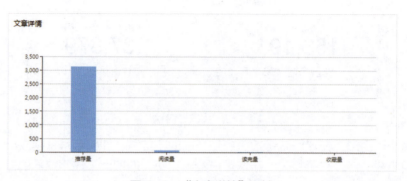

图 4-4　"文章详情"区域

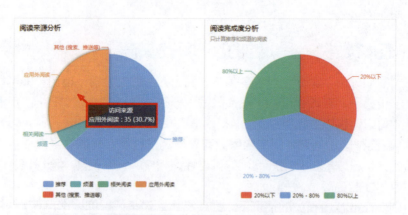

图 4-5　"阅读来源分析"区域和"阅读完成度分析"区域

其中，图 4-3 所示的区域包括 3 个方面的数据，具体如下。

(1) 平均阅读进度：即在所有点击阅读的用户中，他们阅读文章的平均完成度的百分比。这是判断一篇文章是否有价值和值得阅读的重要指标，往往该百分比越高，那么该篇文章所代表的阅读价值也就越大。

(2)跳出率：即在所有点击阅读的用户中，有多少人是在还没有读完20%的内容时就放弃了阅读的。这个数据其含义恰好与平均阅读进度相反，往往百分比越高，所代表的该篇文章阅读价值可能就越小。

(3)平均阅读速度：在所有点击阅读的用户中，他们阅读该篇文章的平均速度的百分比。这一数值以"字/秒"为单位，表示用户平均一秒阅读了多少字。这一数值是由多个方面决定的，一般而言，内容越容易让人理解，其平均阅读速度就越快。

关于"文章详情"中的"推荐量""阅读量""读完量"和"互动量"很好理解，这里就不再进行讲述。而在"阅读来源分析"和"阅读完成度分析"区域，运营者移动鼠标至图上某一色块中，就会显示该色块的含义、详细用户数据及其比例。在此以阅读来源分析中的"应用外阅读"为例来进行介绍，如图4-5所示。

所谓"应用外阅读"，即被分享到其他平台（如新浪微博、QQ空间等）或转发到其他应用里的头条号文章阅读量，这里的应用外是相对于头条客户端来说的。从图上可以看出，突出显示的色块所代表的是阅读来源的"应用外阅读"，其具体的用户数据为35人，占用户阅读总数的30.7%。

4.3 打造爆文——捕捉分析热点事件

在"今日头条媒体实验室"网页中，运营者可以通过"热点追踪"来预测热点的走向和未来一段时间内的热点。在笔者看来，其"热门事件"页面的"热度值"和"飙升事件"页面的"飙升值"都是可以参考的依据。

从图4-6和图4-7中可以看出，无论是热度值还是飙升值，都用一段短的折线表现出了该热点的发展趋势情况。如果热度值和飙升值呈上升趋势，那就表示该热点在未来一段时间内可能还会维持其当前的热度或热度可能上升；反之，则相反。基于此，运营者可以结合自身头条号内容的垂直领域与未来可能的热点，从而打造借势型的爆款内容。

无论是热门事件还是飙升事件，它们都是社会大势的热点，可能与自身头条号内容的相关度并不太高，此时，运营者可以在"今日头条媒体实验室"网页上方的文本框输入关键词来挖掘和分析与自身头条号推广内容相关的热点。笔者在此将以关键词"摄影"为例进行介绍。

输入关键词"摄影"，即可进入相应页面，在该页面上，运营者可查看该关键词的"热度指数""关联分析""相关内容""人群画像"和"评论分析"5项数据。在此，笔者将对"热度指数""关联分析"和"人群画像"进行详细介绍，具体内容如下。

图4-6 "热门事件"页面的"热度值"展示

图4-7 "飙升事件"页面的"飙升值"展示

1. 热度指数

"热度指数"折线图是根据其系统的热度指数模型而计算得出的以小时或天为单位的热度值趋势图和累计图。

2. 关联分析

"关联分析"指的是推送的内容中与"摄影"相关的一些关键词的分析,它包括两部分内容，一是相关关键词热度分布图；二是关键词的相关度和热度排名列表。

如果运营者想了解相关关键词的具体内容和含义，单击代表该关键词的圆形，即可显示出来，如图4-8所示。

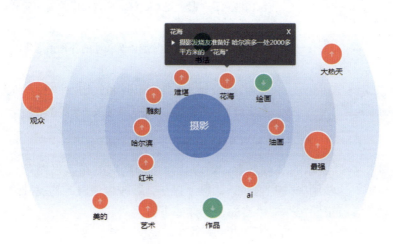

图4-8 相关关键词的具体内容和含义

总之，根据"关联分析"中的数据信息，运营者可以清楚地知道哪些与"摄影"相关的关键词是可以运用在自己的内容创作中的，它们的热度情况究竟如何，这样的热点挖掘对头条号作者和运营者来说还是非常有意义的——避开了在寻求热点过程中茫然无措和无处选择的困境，为植入热点的内容创作指明了方向。

3. 人群画像

"人群画像"指的是今日头条用户对关键词的关注度的分析，它主要包括4个方面的内容，即地域渗透度、用户兴趣、性别渗透度和年龄渗透度。

4.4 个性推荐——文章内容精准投放

众多周知，今日头条的机器推荐系统实现的是个性化推荐，它会给每一位用户推荐其可能感兴趣或与其兴趣相符的内容。那么，它是怎样解读文章匹配用户的呢？

关于机器推荐，比如一篇关于新媒体运营的优质文章，它的阅读量很高，已经突破了100万，这篇文章放在微信公众平台上足可称得上是爆款了，但是在今日头条平台上，即使它的阅读量再高，在用户没有关注的情况下，那么对新媒体运营没有一点兴趣的用户仍然是不能看到这篇文章的。

可见，今日头条实行的是精准的个性化推荐，它对用户的认知是非常充分的，是建立在对大量数据进行分析而得出的用户结果的基础上的。具体说来，主要包括 3 个方面的数据，如图 4-9 所示。

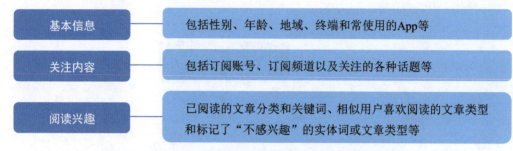

图 4-9　机器系统对用户识别的 3 项数据分析

通过图 4-9 所示的 3 项数据，可以让系统对用户的阅读兴趣有一个大体的把握。当然，这些用户数据的判断，是建立在有着较大信息流的基础之上的。这里的较大信息流主要包括两个方面，具体如下。

（1）从时间角度来说，用户使用头条号的时间越长，系统所获得的用户数据信息也就越多。

（2）从用户数量角度来说，使用头条号的用户越多，那么系统所获得的数据信息也就越多。

经过了时间和用户数量的数据信息积累，今日头条平台的机器系统对用户的兴趣判断也就会越精准，从而能够得出更加清晰的用户画像，最终寻找到某一篇或某一类文章的目标用户并进行内容的推荐。

4.5　偏好内容——把握内容拓展方向

关于头条号用户偏好哪些分类内容，其实也是用户属性的组成内容之一，只是与前面介绍的纯粹从用户自身出来的总体比例情况的 4 个客观方面不同，用户偏好哪些分类内容，更多是建立在主观上的数据情况，为运营者提供了明确的内容运营方向的。

图 4-10 所示为头条号"手机摄影构图大全"用户的偏好分类内容分布图，将鼠标放在图上，可以看到该柱形条所代表的分类内容的具体比例。

从该柱形图中可以很清楚地看到偏好不同分类内容的用户比例差距和具体的占比，有了这些数据，运营者对内容的可拓展方向一般就有了大致的把握，那么接下来的运营工作也就会相应成熟起来，做到得心应手。

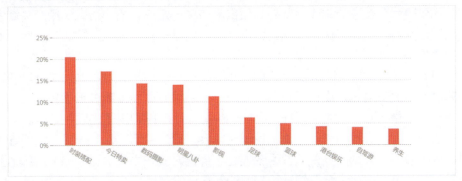

图 4-10 "手机摄影构图大全"头条号的用户偏好分类内容分布图

4.6 偏好关键字——准确反映用户兴趣

与偏好哪些分类内容相似，关于用户偏好哪些关键词也是可以为具体的运营工作提供直接的指导的。更重要的是，它是针对头条号所推送内容的所属分类而得来的结果，因而可以在内容中更多地植入用户偏好的合理关键词，以便让内容更多地被用户搜索和喜欢，从而促进头条号的发展和壮大。

图 4-11 所示为头条号"手机摄影构图大全"用户的偏好关键词分布图，同样的，将鼠标放在图上，可以看到该柱形条所代表的关键词的具体比例。

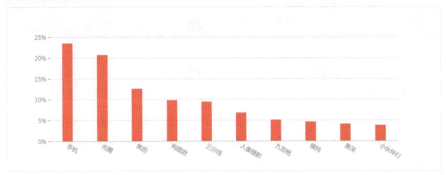

图 4-11 "手机摄影构图大全"头条号的用户偏好关键词分布图

4.7 优化内容——不断提升产品品质

关于用户留存技巧，说一千，道一万，归结为一点，还是应该从平台产品上下工夫。

而质量是产品价值的重要体现,每个用户都希望自己关注的产品是质量过关的。正是因为在关注或购买之前对其质量就有了一定的预期,所以,用户会结合实际和预期给产品作出评价。而此时产品的质量在一定程度上直接决定了用户的购物体验。

因此,运营者应该认识到,如果你的产品主体是技巧性、专业性的文章内容,那就应该提供有自己观点和见解的优质内容,并根据需要不断进行优化。如果你的产品主体是商品,就应该保证产品质优价廉,让用户购买了之后能满意。

相信大家在查看用户留言或评论时经常会发现这种情况,一篇文章出现好评时那么一般会接连都是好评,并且会通过不同的方式来表达。图 4-12 所示为头条号"手机摄影构图大全"的一篇文章的部分评价展示。

图 4-12　头条号"手机摄影构图大全"的一篇文章部分评价展示

从上图不难看出,用户纷纷对文章表示了赞美和认同,或是从文中摄影图片本身来说,或是心有好感之后的表示认同的行为的发生(如转发、点赞等)。如果仔细看的话,还会发现,用户给好评是因为"美/漂亮""专业"。

而这些词又正好是用户对文章这一产品的质量的形容。换句话来说,用户体验是基于产品质量的。其实,即便是在其他外在条件都挑不出毛病的情况下,只要产品的质量出了问题,都不可能给用户留下好的体验。因此,在今日头条号运营过程中,运营者一定要把好质量关。

在这一方面,各大电商平台就做得很好。在如今电商平台如雨后春笋不断出现的环境下,它们的营销策略也层出不穷。在优化产品方面,不仅在商品自身,还是在宣传内容上，都有大的突破。它们不仅以各种方式对商品质量作出承诺，还搭配了不同的展现方式。这些都是值得进行今日头条平台营销活动的管理者和运营者借鉴的，且已有很多企业、商家在推广过程中借用今日头条平台这一渠道，辅以各种技巧和方式，取得了不错的效果。

不论是推送内容的优化，还是商品的优化，归根结底还是平台产品的优化。而对于用户来说，假如你经常推出的是相同的或是"换汤不换药"的内容，抑或是你经营的商品在品类、品牌、款式上没有任何更新，那么，用户也是不愿意关注的，这样的平台产品是留不住用户的。只有不断优化、不断推陈出新，才是留住用户的不二法门。

4.8 推荐判定——了解头条推荐机制

本节重点讲述的推荐系统，其实质就是机器对文章的阅读。当然，这种阅读与日常生活中的阅读不同，它具有高速、针对性识别等特征。其中，所谓高速，就是针对今日头条平台的 5 亿用户信息流，机器推荐系统都能较好地完成阅读任务。

而针对性的特征识别，是机器了解推送文章的工作方法和途径。那么，它究竟是怎样进行特征识别的呢？这是可以通过很多维度来实现的，其中比较重要的就是"关键词"这一维度。

从关键词这一维度来说，机器推荐系统会根据两大原则从众多的内容中抓取一些词语作为关键词，具体如图 4-13 所示。

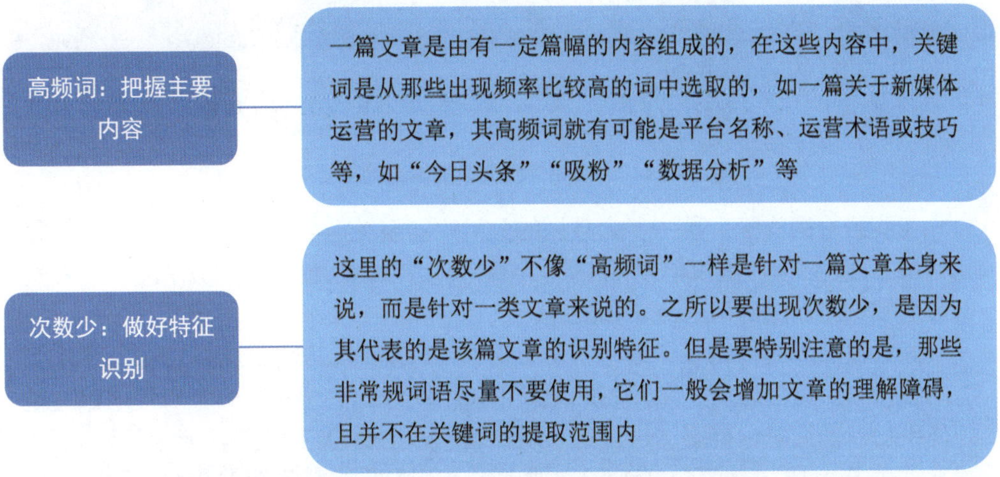

高频词：把握主要内容	一篇文章是由有一定篇幅的内容组成的，在这些内容中，关键词是从那些出现频率比较高的词中选取的，如一篇关于新媒体运营的文章，其高频词就有可能是平台名称、运营术语或技巧等，如"今日头条""吸粉""数据分析"等
次数少：做好特征识别	这里的"次数少"不像"高频词"一样是针对一篇文章本身来说，而是针对一类文章来说的。之所以要出现次数少，是因为其代表的是该篇文章的识别特征。但是要特别注意的是，那些非常规词语尽量不要使用，它们一般会增加文章的理解障碍，且并不在关键词的提取范围内

图 4-13 机器推荐系统的两大关键词判定原则

系统完成了关键词的判定后，就会将这些关键词与文章分类模型进行比对，从而得出这些关键词与哪一类关键词库中的关键词符合度高，那么该篇文章就会贴上哪一类的标签并进行推荐。

4.9 善于推广——快速获得高推荐量

运营者要想让自己的产品被更多的人所了解、熟悉，除了需要进行内容创作、优化之外，还需要对创作的内容进行推广。运营者在进行内容推广的时候，就必须掌握一些推广技巧，并且采用这些技巧，让内容推广的效果可以达到最佳，从而吸引客户消费自己的产品。接下来，笔者将为大家介绍几种常规的内容推广技巧。

1. 大数据

精准化推广主要是借助大数据的分析能力，将用户群体按照一定的方式进行分类，从而使产品更有针对性。在今日头条平台上，精准推广的基础就是大数据，一般包括阅读数据、关注数据和其他数据，基于这些数据，系统可将用户群体按照一定方式进行分类，解析用户需求，从而创作内容。

对于头条号来说，主要就是需要用户流量，而用户流量的网络表现就是数据，所以头条号的内容推广与大数据是紧密相连的。大数据的出现影响了市场的环境，也就促使头条号进行相应改革，相关分析如图4-14所示。

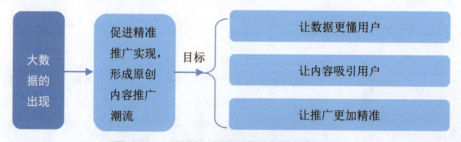

图4-14 大数据对内容电商影响的相关分析

在头条号的实际运营中，大数据的分析功能至关重要，数据能够给我们最好的答案。通过"内容营销+大数据"的模式，可以运用智能推荐算法和消费者画像数据等，对接消费者的需求和爱好。

如大家熟知的"京条计划"就是头条号与京东商城联合推出的内容精准化推广的案例。京东商城是一个知名的电商平台，而今日头条则是一个产生内容的新媒体平台，他们联合推出了一个"京条计划"，主要内容如图4-15所示。

"京条计划"融合了"电商+大数据+内容营销"等新商业趋势，而且这也只是一个开始，其中还有更大的想象空间值得大家挖掘。

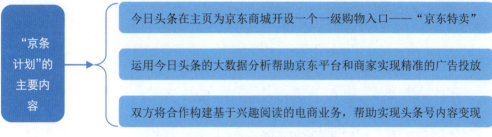

图 4-15 "京条计划"的主要内容

2．好口碑

口碑推广，顾名思义，就是一种基于企业品牌、产品信息在目标群体中建立口碑，从而形成"辐射状"扩散的内容推广方式。在互联网时代，口碑推广更多是指企业品牌、产品在网络上或移动互联网的口碑推广。

口碑自古首先乃是"口口相传"，其重要性不言而喻，就如小米，其超高的性价比造就了其高层次的口碑形象，从而在人们之间快速传播开来。如今有不少的企业，想要将口碑营销与内容推广相结合，企图进一步打造企业的口碑，想要通过内容来打造一个好口碑，那就需要做到 4 点，具体内容如下。

（1）角度新奇：人们往往对新奇而有趣的事，更愿意去关注和分享，内容推广也是如此，一篇有趣的文章总会引起用户的好奇，引发用户传播。所以当企业在策划口碑内容推广时，可以从新奇角度出发。

（2）刺激心弦：不管是哪一种类型的用户，都会有一根敏感的心弦，只要头条号用内容刺激到了人们的心弦，产生共鸣，就能拉近与用户的距离，从而影响到用户，自然而然地形成口碑推广效应。

（3）关联利益：用户最关心的就是自己的利益，所以如果头条号能够以用户利益为出发点，让用户从内容中感受到自己能受益，那么自然就会受到消费者的拥戴，口碑传播也就自然而然地形成了。

（4）内容真实：头条号在运行口碑内容推广时，绝对要杜绝虚假宣传的情况发生，虽然这种做法能在短期内获得不少的注意力，但是总会有东窗事发的时候。当消费者发现挂羊头卖狗肉的情况后，就会带着谩骂、失望离企业而去，这就会大大损害企业的品牌信誉度，口碑推广自然就无法成功。

3．事件推广

事件推广就是通过对具有新闻价值的事件进行操作和加工，让内容中的这一事件继续得以传播、推广，从而达到实际的广告效果。事件推广能够有效地提高企业或产品的知名度、美誉度等，优质的内容甚至能够直接让企业树立起良好的品牌形象，从而进一步地促成产品或服务的推广营销。

创新的内容推广活动策划只是成功的第一步，进行有效的用户转化才是企业通过事件推广获得收益的实际效果。

在实际应用中，由话题引导的事件推广往往具备多种其他渠道没有的特点。

(1) 风险特点：事件最终发展往往不是发起者能控制的。

(2) 成本特点：一段话、一篇文章就能够成就一次事件。

(3) 效果特点：效果十分明显，大众的参与度很高。

(4) 引导特点：需要持续进行正面引导，防止问题出现。

在将话题转为自身品牌建设之后，就可以通过不同的渠道进行影响力拓展，尤其是一些新媒体渠道。

在计算机和生物界，"病毒"都是一种极具传播性的东西，而且还具有隐蔽性、感染性、潜伏性、可激发性、表现性或破坏性等特征。在内容运营中，病毒式推广却是一个好的方式，它可以让头条号内容大范围传播到许多人群中，并形成"裂变式""爆炸式"或"病毒式"的传播状况。

在运用病毒式推广内容时，我们可以采用以下三种策略。

(1) 创建"病原体"："病原体"必须具有强大的感染性，才能吸引用户关注并引起共鸣，从而不断蔓延。

(2) 找到"易感染人群"：通常，企业自己的粉丝是第一批"被感染者"，然后在他们的带动下，传播到其他普通受众群中去，从而影响更多的人关注。

(3) 选准传播渠道："病原体"不会自己自动传播，而需要通过一定的网络或线下的媒体渠道来传播，因此，首先要选择一个拥有最容易被感染人群的社区平台来发布，然后利用感染者的积极性来一层层不断扩散"病毒"。

4. 号外推广

"号外推广"功能是一项付费的内容推广功能，当头条号用户觉得自身的某一篇已获得推荐的内容的推荐量不理想的时候，就可以通过号外推广功能来增加额外的推荐量。更重要的是，对于号外推广的目标受众，运营者是可以在人群属性和数量范围方面进行选择的。因此，选择号外功能，可以让头条号内容获得更多的曝光机会和更好的推广效果。

运营者可以单击头条号后台的"号外推广"按钮，跳转到相应网页来设置号外推广功能。如在"概览"页面，运营者可以查看号外推广的相关数据；而在"文章推广计划"页面，运营者可以设置具体的推广内容——单击"立即投放"按钮，弹出"投放我的文章"对话框，如图4-16所示，进一步选择和设置要投放的文章。

而在"财务管理"页面，如图4-17所示，运营者可以单击"立即充值"按钮进行充值，以便支撑文章推广。同时，在充值和推广后还可申请退款和开具发票。

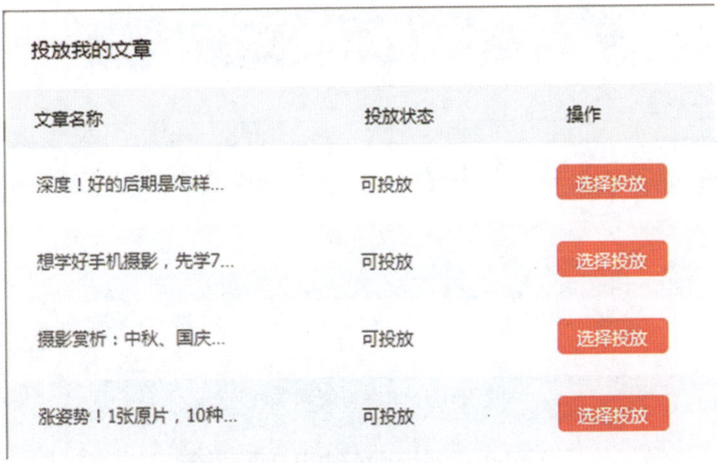

图 4-16 "投放我的文章"对话框

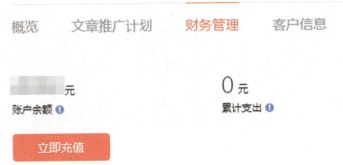

图 4-17 "财务管理"页面

4.10 排查隐患——及时处理相关问题

在已经收集和整理了用户的反馈和体验的情况下,运营者就能清楚明白地知道运营的问题所在,也能更好地了解用户的需求,在此基础上,有针对性地解决用户提出的关于平台的不同的问题,对于留住用户、减少用户的流失率有很大作用,如图 4-18 所示。

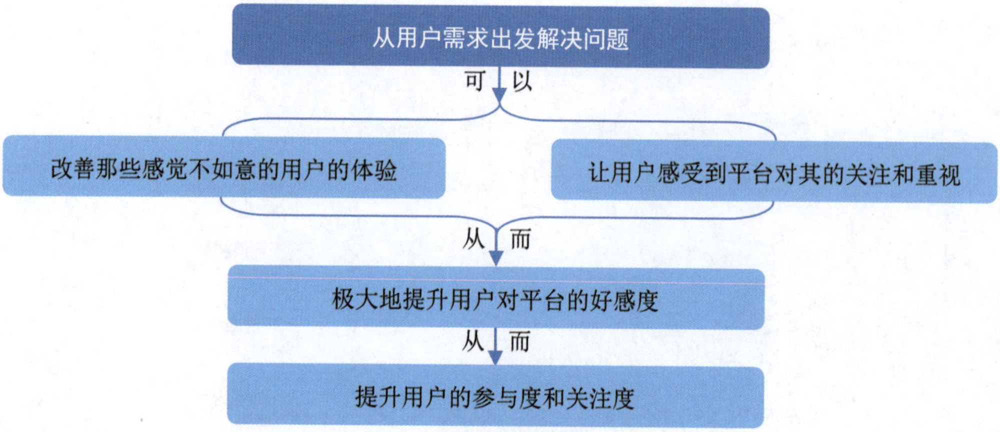

```
          从用户需求出发解决问题
                  可↓以
改善那些感觉不如意的用户的体验      让用户感受到平台对其的关注和重视
                  从↓而
          极大地提升用户对平台的好感度
                  从↓而
          提升用户的参与度和关注度
```

图 4-18　针对性解决用户问题分析

第 5 章
10 个涨粉技巧，使头条用户活跃起来

学前提示

随着今日头条号的群体不断发展和算法的不断升级，用户可以选择的范围也就越来越大。因此，对头条号个体而言，如何获得大量粉丝，留住用户，并让他们不断地关注头条号，已经成为了今日头条运营工作的重中之重。

要点展示

- 话题互动——利用话题博关注量
- 微头条——利用微头条吸粉引流
- 内容引导——利用内容提高关注度
- 功能吸粉——利用功能提高关注度
- 互动吸粉——通过互动提高关注度
- 外链引流——利用外链博取关注量
- 互粉互推——通过互粉与互推引流
- 其他平台——通过外部平台来吸粉
- 活动引流——通过活动提高关注度
- 激励机制——激励用户以增加黏性

5.1 话题引导——利用话题博关注量

利用互动话题内容来涨粉,其归根结底还是得力于内容和头条号的发展,也就是说,头条号打造一个互动话题,可以在提升粉丝黏性的基础上吸引更多有意愿参与话题的粉丝关注。那么,这些话题一般是什么样的话题呢?它们又是如何引导关注的呢?一般来说,头条号打造的互动话题,有两个方面的要求:一是要有吸引用户参与的动力,如提供某方面的福利、利用话题引导用户发表看法等,如图5-1所示。

图 5-1　打造吸引用户参与的话题

上图中的两个案例,一个利用"猜谜"活动来引导用户参与,另一个则用比较吸引人的话题——考眼力的互动来引导用户留言,这些都是比较吸引人的,因而引起了众多人留言,如图5-2所示,自然它在吸引粉丝方面的效果也不会太差。

图 5-2　打造具有吸引力的话题后的留言展示

打造具有吸引力的话题，还有一个要求，那就是在时间和具体事务上的安排。一般来说，话题打造是可以通过提前给出信息来吸引更多粉丝的，且在用户参与的过程中和话题结束后的安排要妥当，即运营者要充分注意引导用户，提升用户体验，并及时就用户的观点给出自己的态度。

5.2 微头条——利用微头条吸粉引流

在今日头条平台上，通过 PC 端进入一个头条号主页，会发现该页面的账号下方显示了 3 类内容，即文章、视频和微头条。头条号发布的微头条内容会根据用户偏好被推送到你打开的头条平台首页，如果用户对微头条内容感兴趣的话，会进一步点击右上角的"关注"按钮，成为头条号的用户。

微头条内容的篇幅是简短的，在"微头条"页面无需点击即可阅读，因此，运营者有必要用几句话或几张图片就吸引读者的注意力和好奇心，或者能获取读者的认同。图 5-3 所示为发布的一篇微头条内容，该篇微头条就以几行字和 1 张图片，吸引了 28 万的读者点击阅读，可谓目标清晰，言简意赅，引流效果也很明显。

图 5-3 简短的微头条内容

在引流方面，微头条除了利用优质的短内容来实现引流目标外，更重要的是，对一些新创建的头条号而言，由于还处于体验期，其所推送的图文内容并不能被推荐给关注用户以外的读者。因此，要想引流，除了主动邀请之外，通过微头条来引流是最佳、最有效的方式，这主要表现在 3 个方面。

(1) 微头条内容简短，自然编辑起来也很简单。因此，在微头条内容中分享一些精辟的、干货式的知识点，在有价值内容的支撑下，很容易提升头条号的粉丝量。

(2) 微头条发布程序简单，无需经过审核，因而在其中加入一些引导关注头条号的话语是不影响推荐的，在这样的情形下，实现引流也就更加直白和轻松了。

当然，这种引导语可以用多种形式发布，如凭借优质的内容来直接引导；也可以进行内容预告来引导关注，在笔者看来，这些都是切实可行的引流方法。

(3) 微头条可以是图文内容或视频内容。除了通过"微头条"按钮来编辑外，还有可能是图文内容或视频内容。在"内容管理"页面的已发布的图文内容或视频内容中，将鼠标移至"转发"按钮上方，会出现一个"分享到微头条"按钮，点击该按钮，弹出相应对话框，在编辑区中输入相关信息，点击"分享"按钮，即可把该篇图文内容分享到微头条版块中，如图5-4所示。

图5-4 "分享到微头条"页面

这样，通过分享到微头条的方式发布内容，也是可以吸引到一定粉丝的。

5.3 内容引导——利用内容提高关注度

在上面的内容中已经陆续介绍了在内容中引导用户关注来吸粉的方法。在此，笔者将系统地介绍如何更好地在内容设置中引导用户关注的话语。

1. 图文内容中引导关注

在进入头条平台上，与微信公众号一样，不添加关注也是可以查看账号发布的内容的，此时，运营者要做的就是在用户阅读时或阅读完时引导用户关注。图5-5所示为某头条号设置在图文内容中引导关注的话语。

从图中可以看出，该头条号的引导关注设置位于文章结尾，且以与正文内容相同格式的简短话语来表示。当然，还有一些文章，开头和结尾处都进行了设置，并以特殊的格式来突出显示——引语格式 + 无序列表 + 字体加粗。

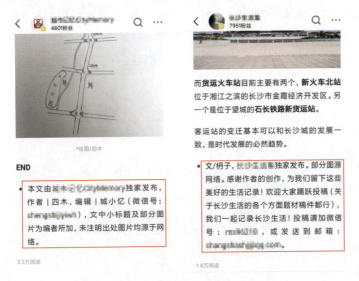

图 5-5 某头条号的图文内容引导关注

2. 视频内容中引导关注

在视频内容中引导关注，有时可能是在视频某处显示了头条号，或是视频中的人物以说话的形式来直接邀请用户关注，如图 5-6 所示。一般来说，只要视频确实有趣、有料，观看了视频的用户一般都会选择关注其头条号的。

图 5-6 某头条号的视频内容引导关注

3. 微头条内容中引导关注

微头条内容本身比较简短，因此，在其中添加引导语来吸引用户关注的比较少，更多的是利用 @XX 形式来让用户更多关注账号，特别是一些图文内容分享到微头条的，更是如此。但是在有些微头条内容，还是存在引导关注现象的，如图 5-7 所示。

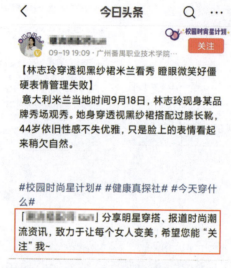

图 5-7　某头条号的微头条内容引导关注

图中，不仅引导用户注意到头条号，更重要的是，它还引导用户关注相关的节目，从而让节目可以成功收获更多的粉丝。

5.4　功能吸粉——利用功能提高关注度

在微博、微信公众号平台上，都是有私信功能的，而在今日头条平台上，专门设置了"私信"菜单和自定义菜单。

1. "私信"菜单

这一菜单的设置，为吸粉引流从两个方面提供了便利，具体如下。

一是那些想要发私信的用户，在发送之前是必须关注头条号的，这样才能在手机客户端的头条号首页通过点击"私信"按钮发送私信，如图 5-8 所示。

就这样，每一个发私信的人就会成为你的用户。当然，这还只是它的第一个引流的便利之处所在。此时，有些用户通过发私信获得了他（她）所需要的东西之后，有取消关注的可能。而"私信"菜单中的回复内容就能通过介绍自己的头条号来提供第二个便利，从而提升用户黏性。

图 5-8 发私信操作

在这样的两重便利之下,用户成为头条号的粉丝以及忠实粉丝也就大体成功了,其吸粉引流的过程是容易操作的,而其结果也是可期的。因此,在头条号运营过程中,可积极通过这一菜单来涨粉。

但是在吸粉的过程中还有一个关键点,那就是头条号有什么原因让用户给你发送私信。一般来说,能让用户发私信的原因,无非就是该头条号有他(她)所需要的优质资源或独家文章,他们能通过发私信的方式获取,因此才推动了关注头条号行为的发生。

2. 自定义菜单

头条号提供了一个"自定义菜单"功能,有助于帮助用户查找内容,同时也有利于运营者把优质的"精选内容"进行归类,以便吸引粉丝和增加用户黏性。

在"自定义菜单"页面,可以设置的一级菜单,最多可有 3 个,当然,运营者可根据自身内容来安排。如图 5-9 所示,分别是两个头条号的自定义菜单。

从图中可以看出,这两个头条号的一级菜单的数量是不一样的,且在菜单内容的设置上也各有所侧重,如其中一个头条号是引流 B 站,另一个头条号的"合作联系"承担着头条号的转化功能。

除此之外,菜单可能还承担着"互动功能",也就是说,运营者设置的菜单主要是用来与用户互动的。

无论是"精选内容",还是"转化功能",抑或是"互动功能",都与粉丝运营息息相关。可见,头条号创作者和运营者设置自定义菜单的目标,除了更好地规划内容和提升用户体验这两个明显的目标外,其最终目的还是在于吸粉引流和变现,以便多角度促进平台的发展。

图 5-9　某两个头条号的自定义菜单显示

5.5　互动吸粉——通过互动提高关注度

创作者和运营者在管理头条号的过程中，除了要注意内容的质量，以便吸引粉丝外，还应该通过与用户互动来吸引粉丝，提升用户黏性。本节笔者就从用户管理这一角度出发，介绍通过互动提高关注度的方法。

1. 评论管理

在头条号后台的"评论管理"页面，共有 4 个选项可以查看评论，即"最新评论""图文评论""视频评论"和"微头条评论"。

关于"图文评论""视频评论"和"微头条评论"，运营者在"评论管理"页面选择相应的选项，就可以跳转至相应的"评论管理"页面进行查看。

图 5-10 所示为选择"图文评论"选项后进入"图文"内容产品下的"评论管理"页面效果展示。

在这个页面中，运营者可以查看全部文章的标题、评论状态、总评论数和粉丝评论数等内容，如果想要了解每篇文章的详细评论内容，可以单击"操作"栏中的"查看"按钮，进入相应页面查看该篇文章的每一条评论。

当然，关于评论内容的回复，运营者除了要回答评论者的问题外，还需要对不同的用户采用不同的回复策略，具体如下。

（1）针对粉丝评论，运营者首先谢谢他们持续关注，然后在回答他们的提问时，要注意采用更亲切的语气，仿佛老朋友在交谈一样，这样才能最大程度上提升用户的忠诚度。

（2）针对非粉丝评论，运营者首先也应该谢谢他们的支持，然后回答评论者的问题。除此之外，运营者还应该在最后以简短的语言，尽可能呈现用户关注后的福利，并邀请他们关注你。

图 5-10　"图文"内容产品下的"评论管理"页面

另外，不知大家注意到没有，在每条评论的右侧有一个 ⌄ 图标，移动鼠标至该图标上，弹出一个包括"举报"和"删除"选项的下拉列表框，运营者如果觉得评论存在问题或不中肯，即可进行相应操作。

2．评论保护

在头条号后台的"功能权限"页面，有一项与评论保护相关的功能，即"评论保护"功能，这是一项对运营者有着自主管理文章评论、避免受到低质评论的攻击、提升用户的阅读体验等重要意义的功能。

既然"评论保护"功能有着如此大的作用和意义，那么，运营者应该如何开通该功能呢？其实，开通该功能是需要一定条件的，一是要求头条号已经开通了原创功能，二是在粉丝数量上要求头条号至少要有 10000 累计粉丝。只要满足了上面这两点要求，即可开通"评论保护"功能。

相对于开通需要的较高条件来说，开通的操作则简单得多。运营者进入"功能权限"页面，单击"评论保护"功能右侧的"申请"按钮即可开通该功能。当然，运营者单击"恢复评论"按钮即可恢复评论，用户可以重新对文章内容进行评论。

在应用"评论保护"功能时，运营者要谨慎操作，其原因表现在 3 个方面。

（1）单篇文章在一天之内只有一次关闭/恢复评论权限。

(2) 关闭评论之后，该篇文章的推荐量将会受到影响。
(3) 关闭评论后，阅读文章的用户将会无法进行评论。

5.6 外链引流——利用外链博取关注量

在今日头条平台上，运营者在发布文章之后，除了可以通过头条号平台来推广内容外，还可以通过头条号平台的外链推广，把内容分享到其他引流渠道中，扩大内容的推广范围，如上面介绍的利用"转发"功能分享到微头条上就是其中之一。如图 5-11 与图 5-12 所示，分别为头条号内容分享到微信朋友圈和 QQ 空间的内容设置页面。

图 5-11 分享到微信朋友圈的内容设置页面

图 5-12 分享到 QQ 空间的内容设置页面

而微信朋友圈和 QQ 空间作为知名的社交平台，是大家都比较关注的，如果有用户对分享的内容感兴趣，那么极有可能在分享的社交圈子引起病毒式传播。

特别是当运营者在分享时加入一些与热点事件和人物有关的话题,或者是与内容的垂直领域相关的话题时,就会更具传播性。

5.7 互粉互推——通过互粉与互推引流

在今日头条的吸粉手段中,最有效的、能达到共赢的莫过于和其他账号合作,互相成为对方的粉丝,或者建立一个矩阵账号,用大号来带动小号。

1. 互粉

所谓"互粉",就是账号双方互相成为对方的粉丝。一般来说,互粉操作可以轻松实现,当运营者进入头条号后台主页时,点击"消息管理"按钮,进入"消息"页面,该页面展示了关注了你的用户。此时,你只要点击用户右侧的"关注"按钮即可关注对方了。

当然,你关注了别的头条号但对方却没有关注你的情况会经常出现,此时,用户为了保证互粉,可以在对方推送的内容中留言,提出希望互粉的愿望,如"诚信互粉""粉必回"等,这样能在很大程度上提升互粉的成功率。

2. 互推

互推与互粉不同,它还需要借助一定的内容来实现。在头条号的互推增粉过程中,一般包括两种情况,具体如下。

(1)账号调性相似:运营者经过思考衡量,选择一些调性相似的头条号进行软文、视频等内容的互推,在这一过程中,互推的理由非常重要,直接影响互推结果。

(2)大号带小号:有些头条号并不是单独存在,而是存在头条号矩阵的,此时就可以采用大号带小号的办法推动矩阵号的粉丝发展。

5.8 其他平台——通过外部平台来吸粉

随着互联网和移动互联网的发展,越来越多的新媒体平台开始出现,其领域所涉及的范围之广、内容类型之多,实在是让人目不暇接。而作为在今日头条平台发展的自媒体人,又将有哪些机会可以为自身头条号吸引更多粉丝呢?本小节就从社交、资讯和视频等类型的平台出发,来介绍一下头条号是如何利用其他平台吸粉引流的。

1. 社交媒体平台

微信是现今运用范围极广、发展极快的社交媒体平台,与之相关的微信公众平台更是成为众多自媒体发展的摇篮。因此,一些以今日头条为主战场的头条号开始考虑从微信公众平台引流。如将头条号相关内容投放到传播的平台，用户在阅读其推送的内容时，是极有可能受到其中介绍的吸引而关注头条号的，如图5-13所示。

图5-13 某微信公众号内容中的用户引流

2. 资讯平台

如今，提供社会资讯的平台也越来越多，如一点号、搜狐号和腾讯内容开放平台等，都是普遍受人们喜欢的资讯平台。在此，笔者以一点号为例来介绍它是如何引流的。

一点号是由一点网聚科技有限公司推出的一款为兴趣而生、有机融合搜索和个性化推荐技术的兴趣引擎软件。它本身有着庞大的用户量，这为成功引流到头条号打下了坚实的用户基础。

头条号运营者可以在与自身账号相关的领域发布内容，一点号能让内容被那些有需求的读者关注到，而这些读者恰恰是头条号的目标用户群体，他们可能想了解关于更多内容而去关注头条号，因此，实现引流也就轻而易举了。

3. 视频平台

在今日头条平台上，经常可以看到右上角有水印为"西瓜视频""抖音"字样的视频内容。由此可知，这些视频平台与头条号之间的引流操作是可行的。下面以"抖音短视频"为例来介绍其具体的引流方法。

进入"抖音段视频"App 的抖音号主页，在账号右侧显示了今日头条图标和"头条主页"字样，从这里点击就可以直接跳转进入头条号主页了，如图 5-14 所示。

因此，只要与头条号相关联的抖音号发布内容，用户如果觉得你的视频内容有价值，而其又想了解更多的相关内容，那么，用户是极有可能通过"抖音短视频"平台来关注头条号，从而实现跨平台头条号的引流目标。

图 5-14　"抖音短视频"平台的头条号引流

5.9　活动引流——通过活动提高关注度

想要让用户活跃起来，开展活动是一种比较有效的方式。说到活动，大多数人的脑海里就会出现诸多与之相关的词汇，一般说来，只要是活动，就会在促进用户活跃上有一定的影响，只是这种影响有大有小。

而我们运营过程中一般会选择那些能极大地活跃用户的方法，在此，简单介绍人们常见的促活用户的活动。

(1) 促销类活动：利用打折、满减等方式促活用户，提升销售额。
(2) 热点类活动：利用热点来提升搜索度和关注度，以此促活用户。
(3) 节假日类活动：利用节假日等时间节点来提升关注，让用户活跃起来。
(4) 签到式活动：通过日常的签到行为，使用户经常活跃在平台上。
(5) 积分、优惠券活动：利用唾手可得的利益点设置，刺激用户活跃和消费。

5.10 激励机制——激励用户以增加黏性

除了活动外，企业和商家制定用户激励机制也是一种必要的促活用户的技巧，一般包括物质、精神等方法。

1. 物质

这里的"物质"既可以是具体实体的物质，也可以是虚拟的物质，利用不同形式的物质进行用户促活，是众多企业和商家选择的方式，具体分析如图 5-15 所示。

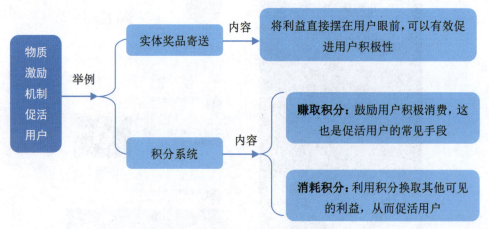

图 5-15 物质激励机制促活用户分析

2. 精神

相较于物质激励机制促活用户而言，精神激励机制所耗费的成本明显更少，它更多是从满足用户的心理需求出发，用让人自豪、荣誉的方式来激励用户和促活用户。相较于物质激励来说，其影响明显更持久。

就如人们常说的勋章，一般说来，在现实生活中，只有做出巨大贡献和成就的人才能获得，其所代表的是荣誉和地位，人人想要获得勋章，这在现实生活中是不能完全实现的。基于这一点，一些平台用颁发的虚拟勋章来激励用户关注，并让其积极活跃在平台上。

又如，无论是排行榜还是特权，都是用户积极活跃并持续有着某种活跃行为才出现的，是从精神上激励用户的两种主要方式，具体分析如下。

（1）假如用户根本不去关注平台，对平台建设没有任何助力，那么其在排行榜上的位置必然是靠后的，自然也丧失了"特权"，因此，他们急于表现，经常关注平台和参与平台活动。

(2) 而对于那些在排行榜上靠前和拥有了特权的用户而言，他们有一种"秀出于林"的优越感，自然也就激励他们更多地活跃在平台上。

3. 功能

用户作为个体的人，是具有好奇心理的。而平台功能的开发和升级能带动用户活跃，具体说来，主要表现在两个方面，内容如下。

(1) 升级的付费功能：在微信公众平台上，关于内容的获取，既有付费阅读，也有免费阅读。假如你原来运营的是免费阅读的账号，在付费和免费两种方式的对比下，一般会认为"免费的都是廉价的，没有价值的"，那么，进行功能升级，形成付费阅读方式之后，可以在平台内容上瞬间上升一个台阶，刷新用户的看法，让用户更有意愿去关注平台。

(2) 开发的新功能：人们每天都在关注平台账号，而开发出新功能无疑是平台发展过程中的一大进步；此外，对周围变化的把握，也是用户着重的关注点之一。新功能一经推出，笔者相信，更多的用户是愿意进入平台账号去试一下的，这无疑也是促活用户的有效方式。

第6章

10种赢利手段，成功变现

学前提示

很多头条号创作者进驻的初衷是利用自身的创作能力来获得收益，而平台也积极配合创作者的这一要求，提供了多种变现方式，力求在发展平台的同时让创作者的头条号更值钱，进而实现创作者变现淘金的终极目标。

要点展示

- 获利捷径——通过头条广告变现
- 不二之选——通过自营广告变现
- 高效变现——通过品牌广告变现
- 掌握技巧——如何成功变现广告
- 视频变现——通过热门视频变现
- 多元化变现——政策加速变现落地
- 出版图书——通过出版方式变现
- 打赏变现——通过用户打赏变现
- 电商渠道——通过电商合作获利
- 养号卖号——通过账号转让变现

6.1 获利捷径——通过头条广告变现

在今日头条平台上，有多种不同的广告方式。其中，基于今日头条平台本身的"头条广告"就是其中的一种，且是一种很多头条号创作者愿意选择投放的广告形式。本节将针对头条广告进行详细介绍。

所谓"头条广告"，是指由头条系统推广的广告。与自营广告的运营完全不同，头条广告是头条号创作者把广告推广的方式委托给今日头条平台的广告形式。且这种广告形式对头条号没有粉丝和权限限制，只要完成了头条号的注册，即可参与投放头条广告。

1. 如何投放头条广告

今日头条平台基于其机器推荐算法，可以把与广告相关的内容进行智能推荐，这样的话，会使得头条广告多是传播给有需要的用户。虽然这一过程中有头条号平台方参与，但是其广告收益却是属于头条号内容创作者的。

可见，只要创作者的内容吸引了更多的用户阅读，那么，头条广告被点击的可能性才会越大，从这一方面来说，建立在优质内容上的头条广告是获利的重要途径。

而头条号要想通过头条广告获得收益，首先就要进行广告投放。运营者可以通过两种方式来完成这一操作。

一是可以在发表图文内容和视频内容时进行设置，图6-1所示为发表图文内容时的广告投放设置页面。

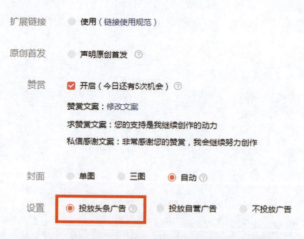

图6-1 发表图文内容时的头条广告投放设置页面

二是可以通过"我的权益"页面的"收益设置"选项进行设置，如图6-2

所示为"收益设置"页面中的头条广告投放设置。

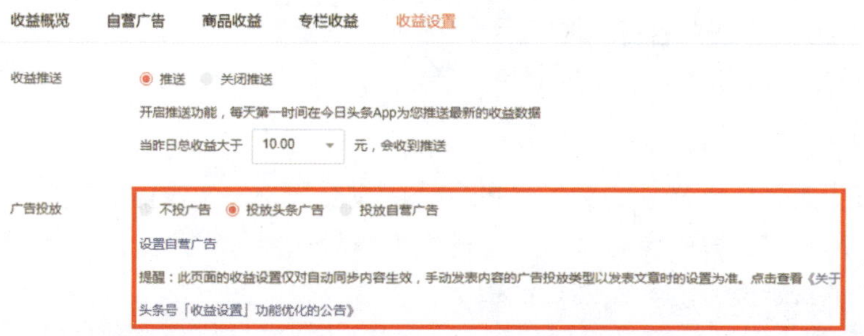

图 6-2 "收益设置"页面中的广告投放设置

无论是哪一种方法，都有 3 个选项供运营者选择——不投放广告、投放头条广告和投放自营广告（虽然各选项的先后位置和个别文字有出入，但意思是一样的），大家可根据需要设置广告投放。

2. 头条广告在哪里显示

设置了头条广告投放后，并不是一定会有广告显示的，因为只有在机器推荐算法下，系统认为合适的头条号才能显示，图 6-3 所示为头条广告展示。

图 6-3 头条广告展示位置

另外，为了不影响用户体验，有时刷新文章不一定会显示头条广告。且对不同的终端和内容形式而言，头条广告的显示并不是完全相同的，主要表现在 4 个方面。

(1) PC 端不会显示头条广告。
(2) 会在文章类内容下方显示广告。
(3) 不会在图集类内容末尾显示广告。
(4) 不会在视频类内容页面显示广告。

3. 如何提升收益

设置了头条广告投放的头条号是会获得收益的，但是收益有多有少，这是受多个因素影响的，其中，除了广告主的出价以外，其他的影响因素大多是可以通过头条号运营来提升的，具体分析如下。

(1) 内容质量。

一般来说，内容质量好，那么阅读量自然也就越高，原始头条广告收益也就会相应越高。且头条号的内容质量好，那么广告主的出价也会越高，广告价格也会随之调整和提升。

就如一篇头条号图文内容，如果质量好，能轻松获得 10W+ 的阅读量，那么其收益起点也就越高；如果质量不好，推荐量和阅读量都很低，此时头条广告收益基本上可以忽略不计了。

(2) 账号分值。

在"账号权限"页面，大家可以看到，原有的满分分值是 100 分，这一分值并不是固定不变的，而是受头条号运营行为影响的。如果头条号在运营过程中违反了某一规范，是会扣分的。

而头条广告收益又与账号分值息息相关，根据今日头条的规定，只要该头条号发生过扣分，那么以后其广告收益的计算都会与账号分值有关，具体如下：

头条广告收益 = 原始头条广告收益 × 当天信用系数

头条广告收益 = 原始头条广告收益 ×(当天分值 ÷100)

除此之外，头条号的头条广告收益还与其所属分类和历史记录等有关，在此就不再一一进行介绍。

而从上述内容中可以了解到，想要提升头条广告收益，那么提升自身的内容质量、规范运营行为是非常关键的，是直接影响自身收益的，因此在运营过程中要着力在这些方面加以注意。

6.2 不二之选——通过自营广告变现

运营者要想通过自营广告变现，首先就要了解什么是自营广告。

不知大家有没有注意到，在头条号已推送的内容上，在正文内容和评论之间的区域，用户会看到一些头条号展示了图片、图文文字和视频等信息，这些信息内容就是该头条号的广告信息，它可以说是自营广告，也可以是头条广告，一般难以从形式上分辨出来。

那么，究竟什么是自营广告呢？其实，就笔者看来，自营广告就是自主运营的广告，与平台方没有直接关联，这一广告具有很强的自由开放性，表现在 4 个方面。

(1) 广告源是头条号作者自行寻找的。
(2) 可自主选择广告素材形式和内容。
(3) 广告的推广素材是作者自主上传的。
(4) 广告获得的收益是双方自主协商的。

1. 如何开通自营广告

运营者只要在"功能权限"页面，单击"自营广告"右侧的"申请"按钮，即可申请开通自营广告，如图 6-4 所示。

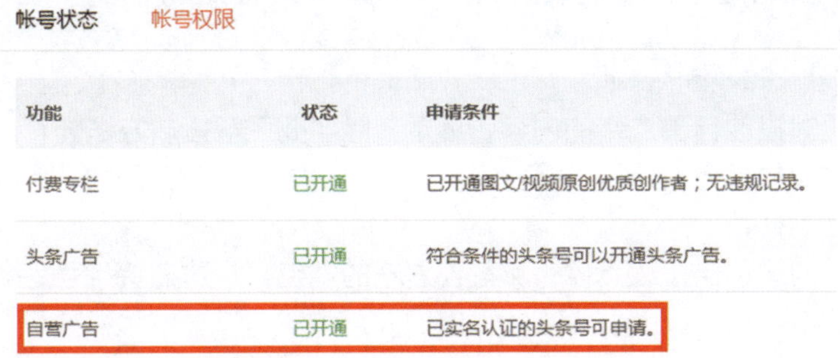

功能	状态	申请条件
付费专栏	已开通	已开通图文/视频原创优质创作者；无违规记录。
头条广告	已开通	符合条件的头条号可以开通头条广告。
自营广告	已开通	已实名认证的头条号可申请。

图 6-4　开通自营广告

当然，并不是头条号申请了就可开通，它还需要具备一定的条件。
(1) 该头条号已经完成了实名认证。
(2) 该头条号的粉丝数累计达 2000。
(3) 该头条号在近 1 月内已发文 10 篇。
(4) 该头条号没有违禁处罚记录存在。

2. 如何添加自营广告

申请并开通自营广告后，就是寻找广告源并对要推广的素材进行设置，才能在推送内容页面插入该广告信息。那么，具体怎么设置呢？

进入头条号后台主页，首先单击"收益分析"按钮，进入相应页面；然后选择"自营广告"选项，进入"自营广告"页面；在该页面下方的"设置"区域即可进行设置。

如图 6-5 和图 6-6 所示，分别为图片类型的自营广告和图文类型的自营广告设置页面。

图6-5 图片类型的自营广告设置页面

图6-6 图文类型的自营广告设置页面

3. 如何投放自营广告

关于设置投放自营广告的内容,运营者除了要了解投放方法外,还应该清楚自营广告的投放规范,这样才能获得更高收益,实现变现,否则,会因为违反投放规范而受到处罚。

那么,自营广告投放具体有哪些要遵守的规范呢?这在头条号后台有着详细说明,如图6-7所示。

图6-7 投放自营广告的各种规范展示

6.3 高效变现——通过品牌广告变现

品牌广告的意思就是以品牌为中心,为品牌和企业量身定做的专属广告。这种广告形式从品牌自身出发,完全是为表达企业的品牌文化、理念而服务,致力于打造更为自然、生动的广告内容。这样的广告变现更为高效,因此其制作费用相对而言也比较昂贵。

今日头条 App 上推送了围绕某品牌越野车打造的一则广告,在这则广告中,通过文字的描述和抢眼的优惠价格,凸显了该车的越野性能和性价比,如图6-8所示。

图6-8 围绕某越野车打造的品牌广告

就是凭借这条短小精悍的品牌广告,受众进一步了解了这一汽车品牌的一个优势,有助于品牌的变现。而与其他形式的广告方式相比,其针对性更强,受众的指向性也更加明确。

6.4 掌握技巧——如何成功变现广告

今日头条平台在品牌推广和实现变现方面有很大的积极作用,然而运营者也要认识到,仅仅只是依靠今日头条这个平台,以及其广告投放还是远远不够的,在具体的广告投放操作中,运营者不仅需要掌握一定的广告投放操作,而且需要一定的技巧,让广告投放效果更进一步提高。

抖音・头条・快手・公众号・小程序・朋友圈全网营销一本通

1. 沉浸式广告体验

在今日头条的广告中，往往需要营造一个好的场景，这样才能让用户产生沉浸感，也才能让用户更好、更容易地接收广告信息。今日头条广告的投放场景设置，可以从两个层面来进行了解。

一是今日头条平台固有的易接收场景。今日头条在成为一个广告投放平台之前，它首先是一个个性化的资讯分发平台，这样的场景，提供给了用户一个主动点击阅读的机会，这样更易于广告信息的接收。并且，这样的广告投放，往往比被动性地接收效果更佳。

二是广告本身所营造的场景。今日头条广告利用其标题设置和广告文案来营造一种吸引用户点击的场景，这样的广告投放设置，让用户点击阅读后也不会反感，有时还会深深地受到吸引。

2. 精准推送

在今日头条平台上，利用大数据对平台用户进行用户画像构建，可以细分出220万个兴趣标签，这些兴趣标签主要是基于5个方面来进行划分的。

(1) 如性别、年龄、地域、教育水平和职业等用户固定特征。

(2) 如兴趣爱好、使用App、网站、品牌偏好等用户兴趣特征。

(3) 如生活习惯、婚恋、社交渠道、宗教信仰等用户社会特征。

(4) 如收入水平、消费水平、商品种类和频次等用户消费特征。

(5) 如当下时间和需求、周边商户、周围人群等用户动态特征。

在根据这5个方面进行细分的用户兴趣标签下，每一个用户都关联着众多用户标签。而一个品牌及其产品，也是关联着众多的与之相对应的用户标签的，把这些标签与用户结合起来，就形成了该品牌和产品的目标消费群体。这样关联起来的品牌和用户，往往是非常精准的。

今日头条平台通过广告把用户与品牌之间的关系打通，而想要在这一过程中获得更高效的广告运营效果，就可以对与品牌关联的目标用户群体进行优选，并设置广告内容的用户兴趣关键词包，这样就能把广告信息精准地分发到各个今日头条频道下，从而精准地触达该品牌的优选用户。

3. 强强联合

对于今日头条平台而言，个性化资源是其固有的特质，在这一优势条件下，其广告投放如果再加入受大众欢迎的明星效应，就是强强联合的广告投放设置了。当然，这也是实现广告多维覆盖的有效手段。

实现了"明星效应＋个性化资源"强强联合的广告投放，主要从以下4个方面来促进其广告效果的提升。

(1) 明星效应：借助用户对代言人的青睐来提升品牌好感度，形成广告带给人的第一波视觉冲击，吸引用户点击。

(2) 个性化推荐：利用头条平台上流量最大的推荐频道，来实现广告投放的广泛覆盖，扩大传播度。

(3) 借助娱乐和社会频道投放：娱乐频道是很多用户喜欢的频道，而明星作为娱乐频道的主体对象，把他们植入到广告中，可以借助其触及更多的人群。

(4) 通过广告品牌对应频道：与品牌对应的频道，往往有着更精准的目标用户，能吸引感兴趣的用户点击阅读。

在"明星效应＋个性化资源"强强联合下的广告投放，基本上都实现了4个维度的投放覆盖，可以在很宽广的范围内实现广告的宣传和推广。

除此之外，其品牌和产品总是与其他频道有着一定的关联的，这样的话，实现更多维度的组合覆盖也就顺理成章了。

4. 紧跟热点

宣传，如果不谈及热点就好像缺少了什么，其效果也可能受到不好的影响。广告宣传与投放也是如此。

因此，今日头条平台的广告在有可能的情况下，最好在内容方面，从文案到素材，都抓住时代的热点，把它融入到广告宣传中。图6-9所示就是一则融入了热点"智能算法"的今日头条广告文案。

图6-9 今日头条广告的热点植入

6.5 视频变现——通过热门视频变现

对于短视频的创作者而言，资金是吸引他们的最好手段，平台补贴则是诱惑力的源泉。作为魅力无限的短视频变现模式，平台补贴自然受到了不少内容生产者的注意，同时平台接口也成为大家的重点关注对象。

1. 视频补贴获利

自从 2016 年 4 月各大互联网巨头进军短视频领域以来，各大平台便陆续推出了各种不同的补贴策略，今日头条也不例外。

(1) 2016 年 9 月，出资 10 亿元支持和补贴短视频的内容创作者。

(2) 2017 年 5 月，宣布为火山小视频出资 10 亿元作为平台补贴。

平台补贴既是平台吸引内容生产者的一种手段，同时也是内容生产者盈利的有效渠道。对于平台而言，可以通过比较诱人的平台补贴吸引内容生产者在平台上生产内容，从而吸引用户；对于创作者而言，可以把自己生产的内容发表到平台上，然后以此为基础获取平台的补贴。

头条号平台的短视频补贴主要分为两种形式，一是根据内容生产者贡献的流量，按照每月结算的形式直接发放现金；二是提供站内流量的金额，内容生产者可以借此推广自己的内容，用巧妙的途径发放补贴。

在这样的平台补贴策略的保护之下，部分的短视频创作者能够满足变现的基本需求。如果内容足够优质，而且细分得比较到位，那么变现的效果可能会更显著，获取更为惊人的补贴。

那么，在借助平台补贴进行变现时，内容创作者应该注意哪些问题呢？笔者认为有两点，一是不能把平台补贴作为主要的赚钱手段，因为它本质上只是基础的保障作用；二是跟上平台补贴的脚步，因为平台的补贴是在变化着的，因此短视频创作者顺时而动是最好的。

2. 视频接口合作

在视频接口合作中，主要涉及 3 方，即西瓜视频平台、第三方合作伙伴和头条号，其中的关系如下：

(1) 西瓜视频设计已落地了一种更便捷的资源接入方式：Json 接口推送下载，且西瓜视频会持续从接口中拉取内容，这是为第三方合作伙伴把资源接入西瓜视频而服务的。

(2) 第三方合作伙伴借助 Json 接口推送下载的资源接入方式，把大量的视频资源更加方便快捷地接入西瓜视频。这样可以在有着丰富资源的基础上吸引更多用户，获得更大点击量。

(3) 头条号账号借助第三方合作伙伴的指导和帮助，可以更快捷地获得自营广告或头条广告的权限，而第三合作方通过这一过程获取头条号账号支付的开通权限收益。在这样的情况下，头条号账号也可以通过广告获利。

可以看出，无论是第三方合作伙伴还是头条号账号，都是可以实现获利的。

而在这种接入合作中,头条号账号可以凭借着其丰富的视频资源,在今日头条平台的大流量支持下获取高阅读量,从而获取视频收益。

总的来说,今日头条的"西瓜视频"频道的视频收益,主要包括两个方面,即粉丝收益和非粉丝收益,而这两者的总和再减去信用惩罚,即为视频的总收益。图 6-10 所示为今日头条号后台主页中的"西瓜视频"频道所获得的收益页面。

收益明细

日期	视频总收益	信用系数	女性播放收益	男性播放收益	信用惩罚
2019-09-19	0	1	0	0	0
2019-09-18	0	1	0	0	0
2019-09-17	0	1	0	0	0
2019-09-16	0	1	0	0	0
2019-09-15	0	1	0	0	0
2019-09-14	0	1	0	0	0

图 6-10 头条号"西瓜视频"频道所获得的收益页面

6.6 多元化变现——政策加速变现落地

在今日头条平台上,头条号创作者不仅可以凭借自身的优质内容和推广广告获利,此外,为了促进平台的发展和吸引更多的用户、创作者入驻,平台还进行了多项政策扶持,这为头条号创作者实现多元化变现提供了途径。

1. "千人万元"

"千人万元"计划,其中的"千人"指的是头条号计划扶持 1000 个头条号创作者,"万元"指的是这些被扶持的创作者每人每个月将至少获得 1 万元的保底收入。这一计划是头条号在 2015 年推出的,目前稳步运营中,并将持续发展下去。

在头条号后台主页的"账号权限"页面,选择"功能权限"选项,从上往下数第 10 个就是"千人万元"功能,如图 6-11 所示。

在此处,头条号创作者可以申请"千人万元"计划。当然,只有满足申请条件之后,"申请"按钮变为红色才能申请;如果"申请"按钮是灰色的,那么就表示此时还不能申请。

在"申请"按钮为灰色时,创作者如果对申请的条件不清楚或是不知道自身还有哪些条件没有满足,可以把鼠标指针移至"申请"按钮上,此时会显示申请

"千人万元"计划需满足的条件,其中,显示的信息中红色字部分就是头条号创作者目前没有满足的条件。

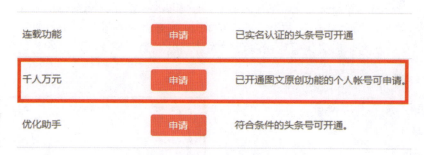

图 6-11 头条号"千人万元"功能

2. "青云计划"

在今日头条平台上,总是会出现一些扶持优质原创作者的计划出现,如上面介绍的"千人万元"。此外,平台方在 2018 年 6 月出台了"青云计划"。下面笔者将对这一扶持计划进行简单介绍。

进入头条号后台主页,在"发现"页面右侧的"创作活动"一栏下方,显示了一则有关于"青云计划"的信息。

单击该信息,就可进入"青云计划"页面。在该页面,用户可查看"青云计划"内容,无论是活动详情,还是每期的"青云计划"奖励榜单,或是自身的获奖历史,都可了解清楚。如图 6-12 所示为"奖励榜单"具体内容和"青云计划"页面的"活动详情"。

那么,"青云计划"究竟指的是什么呢?"青云计划"是头条号于 2018 年 6 月启动的一项为激励优质内容原创作者而给予一定回报的计划。在这一计划中,从奖励的时间区隔来看,主要包括 3 个方面的内容。

(1)单日奖励:这一方面的内容是会随着这一计划的发展而发生变化。在计划推出的初期,每天奖励 100 篇优质图文,而获得奖励的每篇图文可以获得 300 元奖励金。

(2)月度奖励:相对于单日奖励而言,月度奖励无论是在奖励目标、图文数量还是奖励金方面都有了变化。

其奖励目标不再包括图集,而是长文;对每月奖励的优质长文篇数的上限进行了规定——最多为 20 篇;而在奖励金方面,却大大增加——入选的每篇文章奖励 5000 元。

(3)年度奖励:"青云计划"实行的不再是奖励措施,而是签约模式,此时头条号原创作者获得收益的方式就是流量分成和保底收入,同时规定了签约的头条号的数量,即 1000 个。

(1) 奖励榜单

(2) 活动详情

图 6-12 头条号"青云计划"部分内容展示

然而,头条号创作者和运营者要注意的是,想进入"青云计划"的奖励榜单获得平台提供的奖励金,并不是任意一篇文章就可入选的,而是需要具备一定的条件。

在此,以单日奖励为例,其文章入选条件介绍如下。
(1) 其头条号类型必须是"个人"或"群媒体"。
(2) 没有违规记录行为,如抄袭、发布低俗内容等。
(3) 未与"千人万元""百群万元"计划签约。
(4) 头条号已开通原创功能,内容为已声明为原创的原创文章。
(5) 不能是消息类内容,应有独到见解,且非标题党内容。
(6) 文字类内容需 1000 字以上,图集类内容中图片不能少于 6 张。

6.7 出版图书——通过出版方式变现

图书出版付费，主要是指头条号在某一领域或行业经过一段时间的经营，拥有了一定的影响力或者有一定经验之后，将自己的经验进行总结，然后进行图书出版以获得收益的盈利模式。

头条号原创作者采用出版图书这种方式去获得盈利，只要平台运营者本身有基础与实力，那么收益还是很乐观的。

例如头条号"手机摄影构图大全"采取这种方式获得盈利，效果比较客观。如图6-13所示是头条号"手机摄影构图大全"推送内容中介绍的一个跟手机摄影相关的图书出版消息。

图6-13 "手机摄影构图大全"头条号图书出版的案例

6.8 打赏变现——通过用户打赏变现

在今日头条上，创作者可通过优质内容来获得用户的赞赏，这是一种很常见的内容获利形式，在多个平台上都有它的身影。图6-14所示为头条号"手机摄影构图大全"的文章页面和用户赞赏页面。

在该页面上，用户只要点击"赞赏"按钮，即可进入"赞赏"页面，然后选择要赞赏的金额以及选择一种支付方式，设置完成后，点击"确定"按钮即可完成操作。但值得注意的是，用户赞赏功能的操作只能在其App上完成，在PC端是没有设置赞赏功能的。

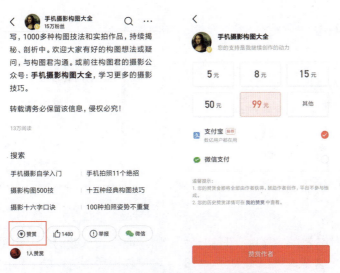

图 6-14　头条号文章页面和用户赞赏页面

了解了用户赞赏的途径，那么，运营者可以在哪里查看这些赞赏的收益呢？

运营者登录后进入头条号后台主页，单击“我的收益”按钮；在“收益概览”页面下方，选择“赞赏流水”选项，即可查看头条号所获得的用户赞赏收益，如图 6-15 所示。

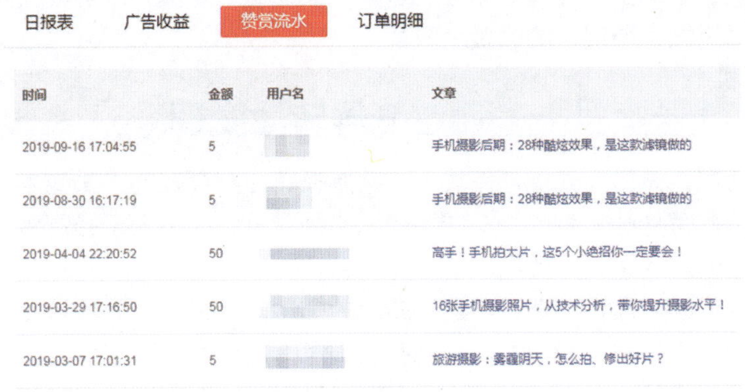

日报表　广告收益　赞赏流水　订单明细

时间	金额	用户名	文章
2019-09-16 17:04:55	5		手机摄影后期：28种酷炫效果，是这款滤镜做的
2019-08-30 16:17:19	5		手机摄影后期：28种酷炫效果，是这款滤镜做的
2019-04-04 22:20:52	50		高手！手机拍大片，这5个小绝招你一定要会！
2019-03-29 17:16:50	50		16张手机摄影照片，从技术分析，带你提升摄影水平！
2019-03-07 17:01:31	5		旅游摄影：雾霾阴天，怎么拍、修出好片？

图 6-15　用户赞赏收益查看

6.9　电商渠道——通过电商合作获利

在头条号后台主页的“我的收益”页面，可以看到，在“收益概览”下方的 4 栏中，最后一栏中有“淘宝佣金 / 精选联盟佣金 / 京东佣金”一项，如图 6-16 所示。可见，头条号其实是可以凭借电商推广形式（淘宝客）来获利的。

图6-16　头条号的"淘宝佣金"收益方式

那么，什么是淘宝客呢？其实，那些帮助商家卖东西的人，会要求商家支付一定的佣金，这些人就是淘宝客。同时，淘宝客也可指这样的一种推广方式，它是按照成交量来计费的。

在淘宝客这一推广方式中，有推广平台、卖家、淘客和买家四个角色，在今日头条平台上，头条号承担的就相当于其中的淘客这一角色，因此，在这里把头条号的这一获利方式称为淘宝客获利。

在这一过程中，头条号把能支付佣金的卖家的产品链接到自己推送的内容中，并推广出去。当消费者通过头条号的链接来关注这一产品并成功成交后，此时头条号即可通过卖家所提供的佣金来获利。

6.10　养号卖号——通过账号转让变现

在生活中，无论是线上还是线下，都是有转让费存在的。所谓"转让费"，即一个线上商铺的经营者或一个线下商铺的经营者，向下一个经营者转让经营权时所获得的一定的转让的费用。

随着时代的发展，逐渐有了账号转让的概念。同样的，账号转让也是需要接收者向转让者支付一定费用的，最终使得账号转让成为获利变现的方式之一。

而对今日头条平台而言，由于头条号是基于优质内容发展起来的，因此，在这里把头条号账号转让获利归为原创内容变现的方式。

如今，互联网上关于账号转让的信息非常多，在这些信息中，有意向的账号接收者一定要慎重对待，不能轻信，且一定要到比较正规的网站上来操作，否则很容易上当受骗。

在此以鱼爪新媒为例介绍账号转让具体知识。在该平台上，可以转让的账号有很多种，如头条号、微信公众号、微博号和快手号等，且在不同的模块下，还提供了转让的价钱参考，如图6-17所示。如果头条号创作者想要转让某一头条号，可以点击该页面上的"我要发售"按钮。

图6-17　鱼爪新媒头条号账号转让页面

第 7 章
10 种入门方法,玩转快手小视频

学前提示

因为4G移动网络的普及,逐渐带火了一批短视频应用,其中快手便是火遍大江南北的佼佼者。对于一个快手运营者而言,如何运营好快手短视频账号,这是摆在运营者眼前的一个难题。

要点展示

- 产品定位——清楚快手的前世今生
- 推送机制——了解快手的算法原理
- 前期准备——熟悉和利用快手功能
- 自我包装——找准自己的人物设定
- 内容定位——确定自己的内容
- 掐好时间——选准时间段发布作品
- 遵守条例——保持良好的快手记录
- 了解用户——掌握快手的用户数据
- 加强互动——加强粉丝与内容互动
- 质量至上——打造优质原创视频

7.1 产品定位——清楚快手的前世今生

我们要真正深入了解一个人,一般要先弄清楚他的时代背景和经历,正如《孟子》中所说:"颂其诗,读其书,不知其人,可乎?是以论其世也。"我们要想真正了解快手,还得先了解快手的前世今生。

1. 快手前世

2011年的时候,快手还是叫"GIF快手",只是一款制作和分享GIF动态图的工具。2013年7月,"GIF快手"从工具类应用转型为短视频类应用,改名"快手",名称沿用至今。

因为快手是最早扎根于短视频分享的App,一时风头无两。那时候,与快手平分半壁江山的抖音还没有创建,美拍与小咖秀这些短视频平台还在一二线城市抢夺市场,而快手创始人却走不同寻常的道路,挖掘下沉市场,将"快手"这个产品贴近三四线城市的草根。如图7-1所示为快手宣传图。

图7-1 快手宣传图

2. 快手今生

2016年,一篇《残酷底层物语,一个视频软件的中国农村》文章在网络走红,文章中不仅披露了快手存在低俗、猎奇内容,还指出了城乡二元对立的局面。2018年快手又遭央视的批评,随后其创始人发文《接受批评,重整前行》进行道歉,并对快手进行改革,加入了很多正能量内容。至此,快手正式迈入2.0时代。

2018年,快手推出"快手营销平台",以社交为中心,整合快接单、快享计划、快手小店等内容和功能。现今,为了摆脱扁平化现状和加速商业化进程,各大电商开始造节,阿里造"双十一",京东造"618",苏宁造"818"……在这种情形下,2018年11月6日,快手推出首届电商节,至此快手完成商业化布局,正式开启商业变现的旅程。

3. 快手的产品定位

虽然同为短视频应用，但是快手和抖音的定位完全不一样。抖音的红火靠的就是马太效应——强者恒强，弱者愈弱。就是说在抖音上，本身流量就大的网红和明星可以通过官方支持获得更多的流量和曝光，而对于普通用户而言，获得推荐和上热门的机会就少得多。

快手的创始人之一宿华曾表示："我就想做一个普通人都能平等记录的好产品。"这个恰好就是快手这个产品的核心逻辑。抖音靠的是流量为王，快手是即使损失一部分流量，也要让用户获得平等推荐的机会。

正因为这个核心逻辑，快手才会那么火，那么受底层民众喜欢。

7.2 推送机制——了解快手的算法原理

快手的定位既然是平民化，那么它和抖音那种流量化的推荐机制肯定不一样。

1. 推荐标签

打开快手，点击左侧栏的"查找"按钮，点击"更多标签"按钮，即可看到标签页更新的视频。抖音置顶的就是最热视频榜单，而快手不一样，它是标签在前，该标签下的热门视频在后，而且不会直接推荐热门视频的用户，只会显示该视频的专辑图片列表，如图7-2所示。

图7-2 快手"推荐标签"页面

2. 主界面

直接打开快手，即可发现它的核心功能：发现、关注和同城。下面从算法逻辑角度谈一谈这3个核心的功能。

(1) 发现。

打开快手后你会发现，快手默认的主页就是"发现"，但它采用的是双列Feed瀑布流的方式，用户可以很直观地预览算法推荐的视频封面，从而自由选择想要观看的视频；而抖音恰恰相反，它采用的是上下翻页的方式，视频强制推荐并播放给用户，因而用户无法全局预览推荐的内容，只能不断滑动来跳过不感兴趣的视频内容。如图7-3所示，为快手与抖音主页的区别。

图7-3 快手与抖音主页的区别

(2) 关注。

快手关注页直观地展示你所关注的朋友，而且系统会默认把关注者推送给你。对于抖音而言，界面顶端默认只有"推荐"和"同城"两个按钮，"关注按钮"默认关闭，因此它的潜在流量不大。

(3) 同城。

"同城"页指的就是显示同一区域附近的人发的视频与直播的页面，抖音也有这个"同城"功能。因此，想要提高自己视频的曝光量，发视频时建议用户定位在人流量比较多的地方，比如定位在热门商圈、社区和大学附近。

7.3 前期准备——熟悉和利用快手功能

运营者熟悉快手的主要功能，以及它发挥出的作用，有利于日后的运营，以及引流、变现工作的展开。

1. 缩略图

和抖音直接停留在视频界面不同，快手视频缩略图大量运用了文字色块。通过双 Feed 瀑布流形式吸引用户，提高点击量。因此，运营者要选择视频里最抓人眼球的画面作为缩略图。

2. 说说和群聊

快手社交属性要强于其他短视频软件，比如个人主页的"说说"和"群聊"功能，可以帮助运营者进一步增加粉丝互动和黏性。

7.4 自我包装——找准自己的人物设定

我们从 2019 年 8 月的快手 MCN 机构及达人月度榜单可以看出，这些达人账号大多采用的是自己机构或公司的名字，或者直接使用能够让用户一看便能记住的、可以体现自己特色的名字，如图 7-4 所示。

图 7-4　快手 MCN 机构及达人月度榜单

因此，快手账号的人设包装可以从以下几个方面着手。

（1）简介：简介表面意思就是"简单介绍"，所以个人描述尽量短小精悍，能抓住要点，最好在寥寥几行内介绍自己的亮点。如图 7-5 所示，账号简介写的就是自己的店铺账号引流。

（2）头像：机构账号建议采用公司 LOGO，个人账号最好使用本人艺术照。

图 7-5　某快手账号的个人简介

(3) 头图：最好与头像风格统一，文字排版切忌太密集。

(4) 账号名称：最好能够体现自己的特色，容易让人记住，不要包含生僻字和过多的特殊字符。

7.5　内容定位——确定自己的内容

从内容消费角度来说，快手的核心主要包括两项：内容和人。

1. 内容

目前为止，机器的 OCR 技术虽然可以识别和读取图片，但是还没有那么准确。换句话说，快手单纯靠算法来读取视频内容，以判断它将来是否受欢迎，这种方法至少现在还不现实。

所以，快手的算法是模糊性读取并将视频分成很多类，然后推送给部分快手用户。接着，快手会接受到来自点赞、评论区等多个角度的反馈，算法根据分析反馈，进一步扩大视频的传播度。如果该视频传播够大，那么算法会随机挑选一些视频放入快手的"发现"页面。如图 7-6 所示，某用户经常看手机数码相关视频，快手算法自动在其"发现"页面推荐手机数码的相关视频。

2. 人

不仅人与人之间需要时间来互相熟悉，连机器也需要时间来了解一个人。在你刚注册快手时，快手算法结合用户观看行为和内容，进而推荐更多类似的视频。当然，一个用户拥有的特征越多，算法推荐的视频结果则越精准。从这个层面来说，快手算法需要大量的用户记录和习惯，以建立算法模型，为用户实现精准推荐。

图 7-6 某用户的"发现"页面

7.6 掐好时间——选准时间段发布作品

想要在快手做营销,我们要合理地抓住用户刷快手的时间,这样才能在关键的时候发挥视频的作用。以下为发布快手视频的最佳时间。

1. 早上 7:00—9:00

早上 7:00-9:00 的时间段,正好是快手用户起床、吃早餐的时候,有的用户正在上班的路上、公交车上,这个时候,大家都喜欢拿起手机刷刷快手之类的短视频软件。而作为快手运营者,应该敏锐地抓住这个黄金时间,发布一些关于正能量的视频或说说,给快手"老铁"传递正能量,让大家一天的好精神从阳光心态开始,这最容易让大家记住你。

2. 中午 12:30—13:30

中午 12:30-13:30 的时间段,正是大家吃饭、休闲的时间,上午上了半天班,有些辛苦,这个时候大家都想看一些放松、搞笑、具有趣味性的内容,为枯燥的工作增添几许生活色彩。

3. 下午 17:30—18:30

下午 17:30—18:30 的时间段,正是大家下班的高峰期,这个时候,大家正在车上、回家的路上,用手机刷快手的"老铁"们也特别多,一天的疲惫心情需要通过手机来排减压力，此时快手运营者可以好好抓住这个时间段，发布一些自己产品相关的内容，或者发布一些引流的视频。

4. 晚上 20:30—22:30

晚上 20:30—22:30 的时间段，大家都吃完饭了，有的躺在沙发上看电视，有的躺在床上休息，这个时候大家的心情是比较恬静的，睡前刷快手短视频可能已经成为某些年轻人的生活习惯。所以，这个时候选择发一些情感的内容，最容易打动你的粉丝。

7.7 遵守条例——保持良好的快手记录

快手曾经因出现低俗色情内容而遭到整改，所以官方积极鼓励作者发布正能量内容，坚决打击违法违纪的内容。因此，保持你快手账号的良好记录，为了将快手账号继续下去，不要违反快手官方条例，比如发布色情或者快手禁止内容。如图 7-7 所示，为《快手社区管理规定（试行）》部分内容。

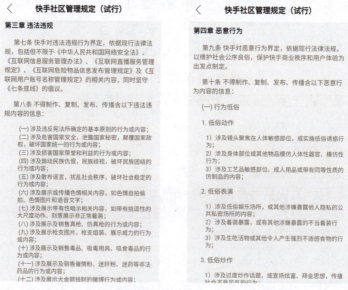

图 7-7　《快手社区管理规定（试行）》部分内容

7.8 了解用户——掌握快手的用户数据

一直以来，快手的月活跃用户数都在稳步增长，2017 年初，快手月活跃用户突破两亿，为行内第一。截至 2018 年初，快手短视频月活跃用户遥遥领先，其他短视频软件难以望其项背，如图 7-8 所示。

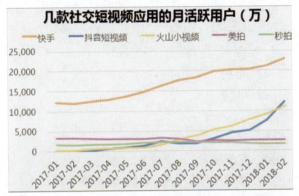

图 7-8　快手和其他热门短视频软件月活跃用户对比（数据来源：企鹅智酷）

可以肯定的是，衡量一款产品用户黏性的重要指标，DAU（日活跃用户）/MAU（月活跃用户）是不可或缺的。在沉浸度相对较高的游戏行业，这一比值通常可达到 0.3 ~ 0.6。

截至 2018 年初，快手和抖音的 DAU/MAU 均已达到 0.45，即两者的月活用户中，平均每人每月有 13.5 天（30 天 *0.45）会使用，这是很可观的用户黏性表现了。如图 7-9 所示，为快手和抖音 DAU/MAU 对比。

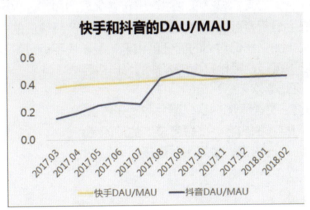

图 7-9　快手和抖音 DAU/MAU 对比（数据来源：企鹅智酷）

7.9　加强互动——加强粉丝与内容互动

平时快手刷得多的用户会发现这么一个问题：快手视频运营者基本不在评论区互动。为此，笔者随机查看了二三十条快手视频，大多运营者都没有在评论区互动。

不管是偏向秀场的抖音,还是偏向生活记录的快手,用户其实是喜欢被尊重的。如果快手运营秉持这个理念,并将这个理念贯彻,用心去回复评论,可以增强用户的黏性,提高带货能力。如图7-10所示,为某快手视频的评论区,可以看到运营者只在评论区点赞,而不在评论区互动。

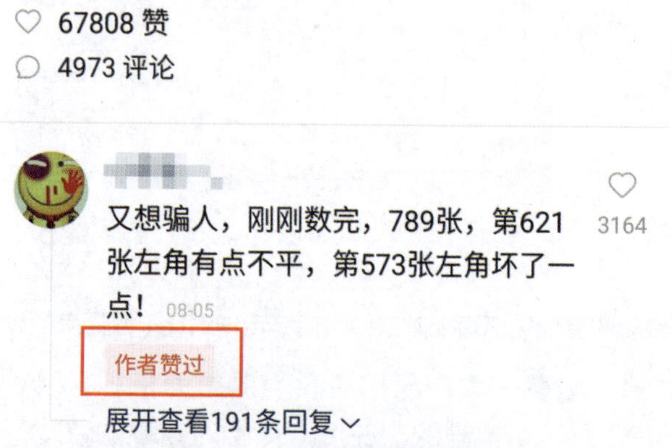

图7-10　某快手视频的评论区

7.10　质量至上——打造优质原创视频

在运营快手时,如果你自己能够生产出足够优质的内容,也可以快速吸引到用户的目光。快手运营者可以通过为受众持续性地生产高价值的内容,从而在用户心中建立权威,加强他们对你的信任度和忠诚度。快手运营者在自己生产内容时,可以运用以下技巧,轻松打造持续性的优质内容。

(1) 做自己真正喜欢和感兴趣的领域。

(2) 做更垂直、更差异的内容,避免同质化内容。

(3) 多看热门推荐的内容,多思考总结他们的亮点。

(4) 尽量做原创的内容,最好不要直接搬运。

第 8 章
10 个引流技巧，成为快手达人

学前提示

快手短视频自媒体已经是发展的一个大趋势，影响力日益增大，其平台用户也越来越多。

对于快手这个聚集大量流量的地方，快手运营者是不可能会放弃这个好的流量池的。那么，快手运营者又该怎么在快手平台引流呢？本章主要介绍 10 大引流技巧，帮助大家成为快手达人。

要点展示

- 基础引流——通过原创视频来吸粉
- 画龙点睛——通过封面与文字吸粉
- 官方渠道——作品推广助力引流
- 制造话题——通过挑战标签涨粉
- 矩阵账号——快速获取稳定流量
- 互推引流——实现共赢的引流方法
- 外部引流——通过腾讯平台来引流
- 直播引流——通过快手直播引流
- 内容造势——通过造势来获得流量
- 注意事项——值得注意的引流误区

8.1 基础引流——通过原创视频来吸粉

对于快手运营者而言，如果自己有能力和技术制作短视频，最好是制作原创视频来引流。除了把制作好的原创短视频发布到快手，快手运营者还可以同时在账号信息展示里进行引流，如昵称、头像、个人简介等地方，都可以留下微信、电话等联系方式，如图 8-1 所示。值得注意的是，相关信息里不要直接使用"微信"，可以用同音或者符号来代替。

图 8-1　在账号信息展示里引流

快手上的年轻用户偏爱有创意且有趣的内容，具体来说，视频可以是正经严肃的剧情，但结尾是个大反转，出人意表；可以是某些电影电视的精华片段，内容可以是情感类，也可以是搞笑类；可以分享生活中的冷知识，或者是不一样的技巧；还可以分享教程，分享美妆技巧等。内容多样化，不拘于一个风格。运营者制作原创短视频内容时，可以记住这些原则，让自己的快手作品获得更多推荐。

8.2 画龙点睛——通过封面与文字吸粉

一篇好的文章如果拥有一个好的标题，可以说是画龙点睛，可以吸引读者阅读这篇文章。同样的道理，一个快手短视频也是如此，在繁杂的快手短视频中，用户刷新列表之后停留的时间只有短短几秒。在那短短几秒的时间里，运营者想要将自己的视频剧情、推广等信息传达给用户，就必须使用一张诱人的封面和令人感兴趣的文字。如图 8-2 所示，封面"票房之王：吴京突破 44 亿，她自掏 6000 万"极具悬念。

图 8-2　标题具有悬念的视频　　　图 8-3　封面具有视觉冲击的视频

当然，封面和标题也不能太过于浮夸，失去生活本真，最好不要使用"看完这个视频，14 亿中国人都惊呆了"这种空洞的标题。

8.3　官方渠道——作品推广助力引流

关于官方引流服务，运营者打开快手的"设置"界面，下拉至底部，即可看到"作品推广"选项。点开这个选项，即可看见"作品推广"页面，如图 8-4 所示。

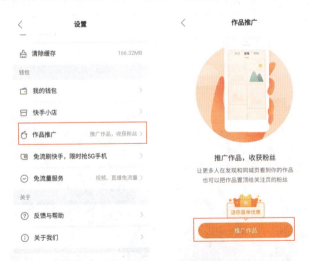

图 8-4　作品推广相关界面（1）

这是官方给运营者提供的一个引流接口，需要一定的成本。通过这个付费接口，可以将运营者的视频作品和小店作品推广给更多人，从而给账号带来粉丝量和互动量。可以看到官方的引流推广服务非常丰富，如图 8-5 所示，运营者在选择相应推广服务后支付相关费用即可。

图 8-5　作品推广相关界面 (2)

8.4　制造话题——通过挑战赛标签涨粉

挑战性聚流，这种方式抖音和快手都有，它最大的作用是开发商业化产品。快手平台运用了"模仿"这一运营逻辑，实现了品牌最大化的营销诉求，如图 8-6 所示。

图 8-6　快手上的挑战赛标签

从数据来看，这种引流营销模式是非常可观的。那么，参加快手挑战赛需要注意的规则有哪些呢？主要是以下 3 点。

(1) 在挑战赛中，快手运营者越少露出品牌，越贴近日常挑战内容话题文案，播放量越可观。

(2) 对于快手运营者而言，首发视频可模仿性越容易，全民的参与度就会越高，这样才能更轻松地引流。

(3) 快手参加挑战赛，快手的信息流会为品牌方提供更多的曝光，带去更多的流量，此外还有通过流量可以累积粉丝、沉淀粉丝和更容易被用户接受等一些附加价值。

8.5 矩阵账号——快速获取稳定流量

快手矩阵是指通过同时做不同的账号运营，来打造一个稳定的粉丝流量池。道理很简单，将自己的内容进行分类，将同一风格、不同内容的视频组建成不同账号，通过账号之间的互动来达到引流吸粉的目的，如图 8-7 所示。

图 8-7 矩阵账号示例

不得不说，快手矩阵的好处很多，下面列出 5 点。

(1) 展现品牌：可以全方位地展现品牌特点，扩大影响力。

(2) 内部引流：可以形成链式传播来进行内部引流，大幅度提升粉丝数量。

(3) 团队管理高效便捷：通过矩阵账号，分工合作明显，提高团队运营、管理和激励的效率。

(4) 宣传激励和扶持：主账号可以根据其他号及其作品表现，打通粉丝头条和 DSP 投放，挑选优秀内容进行定向扶持。

(5) 广告投放：可以完善账号广告投放链条，互相影响，加速视频广告传播。

8.6 互推引流——实现共赢的引流方法

通过爆款大号互推的方法，即快手账号之间进行互推，也就是两个或者两个以上的快手运营者，双方或者多方之间达成协议，进行粉丝互推，达到共赢的目的。

相信大家在很多的快手账号中，曾见到过某一个快手账号会专门拍一个视频给一个或者几个快手账号进行推广的情况，这种推广就算得上是快手账号互推。这两个或者多个快手账号的运营者会约定好有偿或者无偿为对方进行推广，且能很快见到效果。

运营者在采用快手账号互推吸粉引流的时候，需要注意的一点是，找的互推快手账号平台类型尽量不要跟自己的平台是一个类型的，因为运营者之间会存在一定的竞争关系。

两个互推的快手账号之间尽量以存在互补性为最好。举个例子，你的快手账号是卖健身用品的，那么你选择互推时，就应该先考虑找那些推送减肥教程的快手账号，这样获得的粉丝才是有价值的。

快手账号之间互推是一种快速涨粉的方法，它能够帮助运营者的快手账号在短时间内获得大量的粉丝，效果十分可观。

8.7 外部引流——通过腾讯平台来引流

跨平台引流最重要的就是各种社交平台了，除了微博外，微信、QQ 平台都拥有大量的用户群体，是快手引流不能错过的平台。

1. 微信引流

根据腾讯 2018 年一季度数据，微信及 WeChat 的合并月活跃账户达到 10.4 亿，已实现对国内移动互联网用户的大面积覆盖，成为国内最大的移动流量平台之一。下面介绍使用微信为快手引流的具体方法。

(1) 朋友圈引流：用户可以在朋友圈中发布快手上的短视频作品，吸引朋友圈好友关注。注意，朋友圈只能发布 10 秒内的视频，而快手的短视频通常都在 15 秒以上，所以发布时需要对其进行剪辑，尽可能选择内容中的关键部分。

(2) 微信群引流：通过微信群发布自己的快手作品，其他群用户点击视频后，可以直接查看内容，增加内容的曝光率。注意发布的时间应尽量与快手同步，也就是说发布完快手的短视频后马上分享到微信群，但不能太频繁。

(3) 公众号引流：公众号也可以定期发布快手短视频，将公众号中的粉丝引流到快手平台上，从而提高快手号的曝光率。

2. QQ 引流

作为最早的网络通信平台，QQ 拥有强大的资源优势和底蕴，以及庞大的用户群，是抖音运营者必须巩固的引流阵地。

(1)QQ 签名引流：用户可以自由编辑或修改"签名"的内容，在其中引导 QQ 好友关注快手账号。

(2)QQ 头像和昵称引流：QQ 头像和昵称是 QQ 号的首要流量入口，用户可以将其设置为快手的头像和昵称，增加快手账号的曝光率。

(3)QQ 空间引流：QQ 空间是快手运营者可以充分利用起来进行引流的一个好地方，用户可以在此发布快手短视频作品。注意，QQ 空间权限要设置为所有人都可访问，如果不想有垃圾评论，也可以开启评论审核。

(4)QQ 群引流：用户可以多创建和多加入一些与快手号相关的 QQ 群，多与群友进行交流和互动，让他们对你产生信任感，此时发布快手作品来引流就会水到渠成。

(5)QQ 兴趣部落引流：QQ 兴趣部落是一个基于兴趣的公开主题社区，能够帮助用户获得更加精准的流量。用户也可以关注 QQ 兴趣部落中的同行业达人，多评论他们的热门帖子；可以在其中添加自己的快手号相关信息，收集到更加精准的受众。

8.8 直播引流——通过快手直播引流

在互联网商业时代，流量是所有商业项目生存的根本，谁可以用最少的时间获得更高更有价值的流量，谁就有更大的变现机会。

真人出镜的要求会比较高，首先你需要克服心理压力，表情要自然和谐，同时最好有超高的颜值或才艺基础。因此，真人出镜通常适合一些"大 V"打造真人 IP，积累一定粉丝数量后，就可以通过接广告、代言来实现 IP 变现了。

对于一般的普通人，在通过短视频或直播引流时，也可以采用"无人物出镜"的内容形式。这种方式的粉丝增长速度虽然比较慢，但我们可以通过账号矩阵的方式来弥补，以量取胜。下面通过两个案例来说明"无人物出镜"的具体操作方法。

1. 真实场景 + 字幕说明

发布的短视频可以通过真实场景演示和字幕说明相结合的形式，将自己的观点全面地表达出来。这种拍摄方式可以有效避免人物的出现，同时又能够将内容完全展示出来，非常接地气，自然能够得到大家的关注和点赞。

2. 图片 + 字幕（配音）

发布的视频内容都是一些关于抖音、微信、微博营销的专业知识，很多短视频作品都是采用"图片 + 字幕或配音"的内容形式。

3. 图片演示 + 音频直播

通过"图片演示 + 音频直播"的内容形式，可以与学员实时互动交流。用户可以在上下班路上、休息间隙、睡前、地铁上、公交上、厕所里、边玩 App 边听课程分享，节约宝贵时间，带来更好的体验。

8.9 内容造势——通过造势来获得流量

虽然一个企业或个人在平台上的力量有限，但这并不能否定其内容的传播影响力。要想让目标群体全方位地通过内容了解产品，比较常用的招式就是为内容造势。

1. 传播轰动信息

运营者给受众传递轰动、爆炸式的信息，借助公众人物来为头条号造势，兼具轰动性和颠覆性，立刻能够成功吸引用户的眼球。

在这个媒体泛滥的年代，想要从众多新颖的视频内容中脱颖而出，就要制造一定的噱头，用语出惊人的方式吸引受众的眼球。

2. 总结性的内容

扣住"十大"就是典型的总结性内容之一。所谓扣住"十大"，就是指在标题中加入"10大""十大"之类的词语，例如《电影中五个自带 BGM 出场的男人》《2018 年十大好电影推荐》等。这种视频标题类型的主要特点就是传播率广，在网站上容易被转载，容易产生一定的影响力。

3. 自制条件造势

除了可以借势外，在推广内容时还可以采用自我造势的方式，来获得更多的关注度，引起更大的影响力。运营推广任何内容，都需要两个基础条件，即足够多的粉丝数量和与粉丝之间拥有较为紧密的关系。

运营者只要紧紧地扣住这两点，通过各种活动为自己造势，增加自己的曝光度，就可以获得很多的粉丝。为了与这些粉丝保持紧密关系，运营者可以通过各种平台多发布内容，还可以策划一些线下的影响活动，通过自我造势带来轰动，引发观众围观。

总的来说，自我造势能够让消费者清晰地识别产品，唤起他们对产品的联想并进行消费，可见其对内容运营推广的重要性。

8.10 注意事项——值得注意的引流误区

引流是变现的必经过程，没有流量就没人愿意买产品。因此，为了引流，有些人招数频出，有些人剑走偏锋，有些人则不择手段。那么，在引流过程中，我们应该避开哪些引流误区呢？

1. 盲目跟风

有些人是看当下什么火，什么可以大量吸粉，就跟着做什么内容，完全不考虑自己是否擅长这类内容，也不考虑自己账号设定是否适合发布这类内容。

雷军曾说："站在风口，猪都会飞。"但是猪能够飞起来，肯定是有准备的。同样的道理，快手运营者不应该盲目跟风，而是有所准备。

2. 软件刷粉

快手之类的软件采用的是智能算法，使用第三方软件刷粉或者刷播放量，是利用快手的漏洞，刷出来的粉丝都是僵尸粉，对于引流来说没有意义，甚至会降低粉丝活跃度，对自己的账号带来不利影响。如果快手监测到你恶意刷粉，还会将你列入黑名单，所以这种做法得不偿失。如图 8-8 所示，为某恶意刷粉软件。

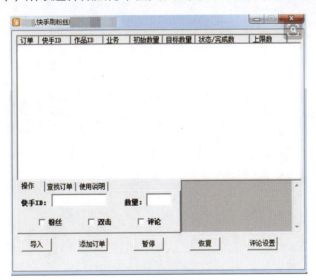

图 8-8　某恶意刷粉软件

第 9 章
10种变现策略,成为快手大赢家

学前提示

在快手平台上,运营者除了要提供优质的内容外,也需要变现来实现自己的价值。不管你的内容有多优质,都需要借助广告投放、直播、知识付费等一些手段来变现,也可以获取更多快手用户的关注。

要点展示

- 广告植入——通过广告变现
- 最具潜力——通过视频内容变现
- 快手小店——通过电商变现
- 热门变现——通过直播变现
- 知识付费——通过卖课程变现
- 图书盈利——通过出版变现
- 精准变现——通过流量变现
- 品牌变现——利用品牌效应变现
- 体现价值——通过 IP 变现
- 传统变现——通过线下导流变现

9.1 广告植入——通过广告变现

快手短视频之所以能够如此火爆，是由于其拥有强大的社交传播能力和广告带货能力。而快手这两个能力的大小，又是由自身的平台基因和用户的状态决定的，如用户在快手上是放松、随机和无意识的状态，这种情况下非常容易被动接受广告主的植入信息。

1. 创意产品

因此，快手运营者想拍出一个具有广告带货能力的短视频，需要掌握一些拍摄技巧，将广告巧妙地植入，让用户愿意看完这个 15 秒的短视频。

如果你的产品本身就很有趣味和创意，或者自带话题性，则不需要绕弯子，可以直接用快手来展示产品的神奇功能。如图 9-1 所示，为一款操作简单的面条机，用户只需要将面粉和水按照一定比例倒入，机器即可自动吐出面条。

图 9-1 操作简单的面条机

总的来说，如果你的产品已经做得很有创意并且功能新颖，方便随时做展示，那么则可以在快手上通过直接展示做营销推广。

这种营销方法非常适合一些电商商家，推广一些用法比较独特的商品，比如给厌食的宝宝做好玩饭团的工具、手机壳和自拍杆融为一体的"聚会神器"、会跳舞的太阳花等，都是由一个视频引发出的电商爆款，让产品成为热销品。

很多新品上市的时候都有自己的卖点，想传达某一个产品的特色，快手上有很多达人，他们有自己独特的风格，能把企业的卖点充分展现出来。

2. 放大优势

那么，对于一些功能没有太多亮点的产品怎么办呢？可以就产品的某个或某几个独有的特征，尝试用夸张的方式呈现，便于受众记忆。

其实原理与上一节介绍的方法的本质基本相同，都是展示产品本身，不同之处在于："展示神奇功能"只是简单地展示该功能本身的神奇之处，而"放大优势"则是在已有功能上进行创意表现。

例如，市面上新出了一个智能戒指，为了宣传这个智能戒指的优势，利用短视频发布了一个很神奇的视频——它支持 iOS 和安卓系统，使用钛合金打造，具有出色的防水功能，可以检测体质数据，使用蓝牙技术，随时与手机同步，如图 9-2 所示。

图 9-2　用夸张的手法展现产品的特色

整个短视频的宣传都是以一种"夸张"的手法在表现，这个视频的目的就是想让人们觉得这个智能戒指很神奇，让观看视频的用户想要去了解这个智能戒指，并且让用户对其产生强烈的兴趣。

9.2　最具潜力——通过视频内容变现

2019 年 7 月 23 日，快手在北京举办首届快手光合创作者大会，会上不仅深入分析了快手的业态发展状况，还计划在多个方面扶持优质内容创作者。这就意味着，快手优质内容变现将会提速。

说到底，流量只是平台的辅助，内容才是核心。不管是现实生活的人际交往，还是网上平台的社交,只有满足了对方的需求,才可以获得满意的社交结果。以快手平台为例,只有知道了用户想要在短视频中看到什么内容,知道用户的需求,才可以制作出让用户喜欢的短视频,从而达到变现的目的。

1. 知识干货

随着短视频行业的快速发展和行业的调整,在笔者看来,其他类型的短视频在受用户欢迎的程度上可能会发生大的变化,但是对用户来说,具有实用性的干货类短视频内容是不会随之湮灭的,还有可能越来越受重视,且极有可能随着日益积累的结构化内容输出,慢慢地把自身的账号打造成大的短视频IP。

其实,相对于纯粹用于欣赏的短视频而言,干货类短视频有着更宽广的传播渠道。一般来说,凡是欣赏类的短视频可以推广和传播的途径,干货类短视频也可以推广和传播,但是有些干货类短视频可以推广和传播的途径,却不适用于欣赏类短视频推广和传播。

2. 热门内容

短视频如果想吸引庞大的流量来变现,就应该有效地借助热点来打造话题,紧跟潮流。这样做的好处有两点,具体分析如下。

(1) 话题性强:充满话题性的短视频更能打动人心,从而引起热烈谈论,传播范围更广。

(2) 能上热搜:当下热点可以帮助短视频上热搜,在搜索过程中就能带来巨大的流量。

而且,热点还包括不同的类型,涵盖了社会生活的方方面面,比如社会上发生的具有影响力的事件,或者是富有意义的节日、比赛等,一些娱乐新闻或者电影电视剧的发布也是热点的一部分。

9.3 快手小店——通过电商变现

快手可以在信息流广告中插入链接,通过视频内容营销,吸引粉丝点击,直接跳转到快手小店页面。用户可以直接下单购买相应的产品或服务,一站式地完成店铺的引流和转化,如图9-3所示。

这种卖货玩法的操作比较简单,只需要进入设置页面,打开"快手小店"选项,按照标准程序开通一个快手小店,即可在信息流中推广自己的店铺产品,如图9-4所示。在这个过程中,快手会收取5%的服务费,在顾客确认收货后,服务费由有赞代扣。

当然,开通快手小店还有一些基本要求,包括拥有企业营业执照、商标证书或授权、淘宝企业店、拼多多网店或者天猫店等网店渠道。

图 9-3　信息流广告

图 9-4　快手小店

9.4　热门变现——通过直播变现

在当下互联网时代,主播这个行业门槛低、变现快,没有固定的时间,很多人开始入驻各种 App 直播。在快手上,不乏专业团队包装和运营的职业主播,也有不少跃跃欲试、缺少经验的快手运营者。那么,对于这些直播新玩家而言,他们又通过哪些方式在这个竞争激烈的行业占有一席之地,获取流量并变现呢?

1. 粉丝打赏

大多数直播都只是一种娱乐,在很多人看来就是在玩。但是,你必须承认的是,只要主播能力强,玩着就能把钱给赚了。因为主播们可以通过直播,获得粉丝的打赏,而打赏的这些虚拟礼物又可以直接兑换成钱。

2. 直播带货

快手带货能力是最强的,它的用户构成和抖音大不一样:抖音用户偏一二线,经济条件好,追求的是品质;快手用户大多是三四线城市的青年,相对来说更注重价格。如图 9-5 所示,为两小时带货营业额超过 1 亿的快手达人辛巴。

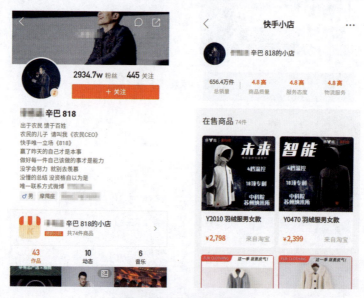

图 9-5 辛巴相关信息

9.5 知识付费——通过卖课程变现

随着经济的不断发展、法律的不断完善,以及人们版权意识的提高,中国开始进入全民知识付费时代,快手卖课程屡见不鲜。加之当代年轻人生活节奏快,生活压力大,工作也很繁忙,很难抽得出身学习,没有空去报培训班,更加没有空按时按点去听课。

但是,在这个飞速发展的时代里,如果年轻人不学习和积累知识,他们就跟不上潮流,会被时代所抛弃。因此,线上学习开始成为他们的常态。如图 9-6

所示为快手某个卖课程的账号。

但是，卖课不是人人都能做的，它有一定的门槛。对于一个想做快手课程的运营者来说，首先要做的就是整体规划，包括具体做哪一类课程、课程讲哪些内容、课程采用哪种风格等。

图 9-6　快手某个卖教程的账号

除此之外，他们还需要具备以下 3 种能力。

（1）作为一个卖课的快手运营者，首先会讲课，会把深奥的内容讲得通俗易懂，会把枯燥无味的内容讲得生动风趣。

（2）具有专业能力，运营团队要在某个领域很擅长，甚至是其中的翘楚，要让用户买完课程后觉得钱花得值，成为回头客和粉丝。

（3）最好具有一定的名声，除了本身就可以带动一部分流量外，还能让用户慕名而来。

9.6　图书盈利——通过出版变现

图书出版变现，指的是一段时间后，快手运营者在某一领域或行业拥有了一定的影响力，或者有了一定经验，决定总结和回顾自己的经历与成功经验，进行图书出版，以此达到变现目的的盈利模式。

首先，短视频原创作者采用出版图书这种方式去获得盈利；其次，当图书畅销之后，还可以通过售卖版权来变现，版权可以用来拍电影、拍电视剧或者网络剧等，这种收入相当可观。这种方式适合那些成熟的短视频团队，作品拥有了较大的影响力,即可进行版权盈利变现。

9.7 精准变现——通过流量变现

粉丝认为你的内容对他有价值,就会愿意为内容付费,因此精准流量在变现过程中不可或缺。"快手+微信"就是线上精准流量变现的最佳方式,用户可以将自己的快手粉丝引流至个人微信号、微信公众号、微信小店、微信商城以及微信小程序等渠道,更好地让流量快速变现,如图9-7所示。

图9-7 某些快手达人的个人简介引流

9.8 品牌变现——利用品牌效应变现

品牌能够借助火爆的短视频内容效应引动粉丝,而达到流量与价值的双重变现。超级IP与品牌通过短视频将双方紧密结合,是快手变现的一个新渠道。

1. 快手和超级IP的共性

快手可以为品牌带来大量的流量,同样的,品牌也具备这个能力。在互联网中创业,流量是最重要的"武器",没有流量就难以赢得市场,没有消费者就不会有收益。可以说现在就是一个"粉丝时代",拥有流量的品牌或IP才能真正做好做大。

2. 做好品牌

根据快手的基础用户画像报告,快手用户的男女比例基本持平,年龄大部分在35岁以下，整体学历不高，最高学历为高中，而且大部分用户来自二线城市以下，更多的是三四线城市的人群。

从快手用户群体可以看出，存在明显的圈层，因此品牌如果想要扩散到更广泛的人群，必须在内容上下功夫，此时定位就相当重要了。

9.9 体现价值——通过IP变现

快手短视频如果无法变现，就像"做好事不留名"。在商业市场中，这种事情基本上不会发生，因为盈利是商人最本质的特征，同时也能体现人物的价值。

在生活中，无论是线上还是线下，都是有转让费存在的。而这一概念随着时代的发展，逐渐有了账号转让的存在。同样的，账号转让也是需要接收者向转让者支付一定费用的，就这样，最终使得账号转让成为获利变现的方式之一。

而对快手等短视频平台而言，由于快手号更多的是基于粉丝发展起来的，因此，在这里把账号转让获利归为通过粉丝变现的方式。如今，互联网上关于账号转让的信息非常多，在这些信息中，有意向的账号接收者一定要慎重对待，不能轻信，且一定要到比较正规的平台上来操作，否则很容易上当受骗。

9.10 传统变现——通过线下导流变现

在快手中，凡是某些企业方想做线下流量带动产品销量的，都叫做线下精准流量。随着越来越多的短视频平台横空出世，短视频的花样也越来越多，本来是以娱乐为主的短视频软件，被越来越多的人用来营销推广。如图9-8所示，某快手账号在视频信息流界面标出实体店地点，为线下导流。

图9-8 某快手账号为线下导流

第 10 章
10 种营销方法，让运营事半功倍

学前提示

随着移动互联网的普及，人们更新信息和知识的速度前所未有得快，新事物在网络中快速而又持续地出现，人们的注意力很快便会被吸引。

因此对公众号运营者来说，吸粉拉新、升级变现等工作很重要，而公众号营销也同样不容懈怠。

要点展示

- 了解用户——构建公众号用户画像
- 图文数据——了解图文的推广效果
- 数据整合——推给用户想要的内容
- 4 招秘技——如何提高文章点赞量
- 决胜千里——创作优质文章内容
- 排版有术——提高文章品质的秘技
- 必备技巧——优化公众号搜索排名
- 张弛有度——把握文章推送时间
- 善于沟通——用交流来激活用户
- 换位思考——从用户角度思考问题

10.1 了解用户——构建公众号用户画像

在运营微信公众号的时候,要去构建用户画像,去了解用户。微信公众号本身就是一款成型的产品,但运营者在做用户量、做内容、推广内容、推广活动等一系列准备工作的时候,要搞清楚现有的用户的特征,还有目标用户的特征。

这里说的构建用户画像,顾名思义,就是为用户贴标签,将用户虚拟化,并且找到其外部及内在所具备的特征。

笔者在这里主要向运营者介绍怎样通过以下 3 个方面来准确判定用户画像以及目标用户:

(1) 用户静态特征。
(2) 用户动态行为。
(3) 用户需求频次。

例如,关于摄影修图的公众号——手机摄影构图大全,如图 10-1 所示为"手机摄影构图大全"为用户推送的图文消息。

如果有用户关注了"手机摄影构图大全"公众号,并且每天都很频繁地翻看图文消息,那么我们就从三个方面来分析此类用户画像,结果如下。

(1) 用户静态特征:80 后到 90 后、大多是女性。
(2) 用户动态行为:喜欢摄影、修图。
(3) 用户需求频次:高频次。

这样便能简单地构建出用户画像——高频率喜欢摄影、修图的女性。

再例如,关于游戏方面的公众号——独立鱼电影,如图 10-2 所示为"独立鱼电影"公众号为用户推送的图文消息。

如果有用户关注了"独立鱼电影"公众号,而且每天都在查看相关的推送消息,那我们就可以从 3 个方面来分析此类用户画像,具体如下。

(1) 用户静态特征:90 后、大多是男性。
(2) 用户动态行为:喜欢看电影电视、关注电影电视资讯。
(3) 用户需求频次:每天。

用户画像——每天喜欢关注电影电视、喜欢电影电视资讯的男性。

笔者在此说明:用户画像是可以做调整的,不过做完调整之后会筛掉大部分老用户,所以运营者要注意这一点。

图 10-1 "手机摄影构图大全"推送的图文消息

图 10-2 "独立鱼电影"推送的图文消息

10.2 图文数据——了解图文的推广效果

图文消息是微信公众平台的根本，没有内容，就没有粉丝，也就没有微信公众号的运营。但是有了内容，没有数据分析，也是无济于事的，因此，微信后台为运营者推出了图文数据分析模块，帮助运营者对图文消息进行科学系统的分析。

1. 单篇图文数据

微信运营者进入微信公众平台，然后单击"图文分析"按钮，就能进入单篇图文统计页面。"单篇图文"仅能统计 7 天内的图文数据，因此在设置自定义时间时，所选日期跨度不能超过 6 天，否则就无法进行查看。运营者可以查看的内容包括文章标题、时间、送达人数、图文阅读人数、分享人数和操作等。

其实除了送达人数、图文阅读人数和分享人数之外，还有原文页阅读人数和转发人数这两项数据。运营者单击"数据概况"按钮，就能进入数据概况页面，该页面能够有针对性地对每一篇图文消息进行数据分析。但是在进行数据分析之前，运营者必须搞懂以上这几项数据的意思和关系，下面笔者将这几项数据的分析总结如下。

(1) 送达人数：表示公众平台的图文消息到达了多少用户的手中。
(2) 图文页阅读人数：表示点击进入图文消息页面的用户有多少。
(3) 原文页阅读人数：表示单击"阅读原文"按钮的用户有多少，这说明用

抖音·头条·快手·公众号·小程序·朋友圈全网营销一本通

户对文章是否进行了深层次阅读。

(4) 收藏人数：如果对一篇文章进行收藏，说明该用户对其非常喜爱。

因此，从传达人数到图文页阅读人数，到原文页阅读人数，到转发人数，再到收藏人数，体现出来的传播效率和传播深度是越来越广、越来越深的。因此微信平台的运营者要从这几项数据进行系统的分析，而不是只看其中某一项数据。

2. 全部图文之"日报"

在微信后台的"图文分析"功能里，有一个"全部图文"按钮。单击"全部图文"按钮，就能进入全部图文分析页面，在这个页面里主要展示了以时间段来划分的图文信息的综合情况。

在"日报"中，能够得到"昨日关键指标"中的数据内容。从各关键指标可以看出，昨日图文信息的相关数据，包括图文页阅读次数、原文页阅读次数、分享转发次数和微信收藏人数。同时在各指标的下面，还有以"日""周""月"为单位的百分比对比数据，让微信运营者知道这些数据与一天前、七天前和一个月前的百分比变化情况。在"昨日关键指标"下方，是图文总阅读的阅读来源分析，以及原文页阅读、分享转发和微信收藏三个数据的趋势情况。

3. 全部图文之"小时报"

图文的"小时报"是为了让微信运营者了解每个小时的图文页阅读人数和次数的。与全部图文的"日报"不同，它是没有"昨日关键指标"的。而其他各种数据与"日报"一样，如图文页阅读的阅读来源分析、原文页阅读、分享转发和微信收藏的趋势情况，以及各个渠道"图文页阅读"的人数和次数的趋势情况。

根据数据抽样的方式，微信运营者可以分析出最合适的发布时间，那如何进行抽样呢？就是随机地抽取几天时间，然后分析这几天里，不同时间点的数据情况，主要包括分析用户阅读次数和收藏次数等数据。抽样可以多抽几组，以避免特殊情况出现，导致结果不准确。

10.3 数据整合——推给用户想要的内容

对运营者来说，用户发送的消息是了解用户及其需求的重要入口，因此，对微信公众平台后台提供的消息数据与菜单数据进行分析，可以在了解用户需求的基础上找到更准确的运营方向。

1. 消息数据

在消息分析功能中包括"小时报""日报""周报"和"月报"功能。相较于其他功能，"月报"功能更能呈现出数据的相关长期信息。其主要数据包括"关键指标详解""消息发送次数分布图"和"详细数据"这三大内容,"月报"主要用于判断微信用户是否具备长期的积极性。

除了查看"消息发送人数"的趋势图,还可以切换到"消息发送次数""人均发送次数"选项,查看相应的指标趋势图。

"消息发送次数分布图"表明了某个时间段发现消息的用户和占比情况;同时在"详细数据"数据表中,每个月的消息数据一目了然。

2. 菜单数据

菜单是对平台推送的内容进行模块划分的入口,了解用户对各菜单的点击量,可以进一步帮助运营者洞悉用户需求。

进入微信公众号后台的"菜单分析"页面,根据"昨日关键指标"分布的3列,即可得到"菜单点击次数""菜单点击人数"和"人均点击次数",展示菜单数据及其发展趋势。

在"昨日关键指标"下会显示上面提及的3项数据的每日数据,微商可以非常清晰地对比出究竟哪一个菜单才是用户点击最多、最受用户喜欢和需要的,而哪一个菜单又是用户点击少甚至可以忽略的。基于此,微商可以在推送内容时对点击较多的菜单加以倾斜,推送更多的内容,而那些点击少的甚至是没有点击量的菜单,可以少推送内容,抑或是干脆删除这一菜单,对菜单重新进行调整。

10.4　4招秘技——如何提高文章点赞量

在微信平台中,一篇高点赞的文章虽然不会百分百是深度好文,但至少高点赞代表这篇文章的内容确实有一定可取之处,能获得很多人的喜爱,而不是单纯的"标题党"。而微信用户通常也会比较喜欢这些高赞文章。

运营者想要提高公众号文章的点赞率,可以充分利用以下4个技巧。

1. 情绪

微信平台中的高点赞、高转发文章通常都有一个共同的特点,就是极具情绪感染力,高赞公众号文章通常一开始就会鲜明地表达某种观点或立场,以迎合目标读者的情绪性需求。这一点通常在标题上便会表现出,如图10-3所示。

2. 价值

公众号内容运营者要想提高公众号文章的点赞率,最关键的一点便是增加公众号文章的价值。公众号文章包含的价值可以从以下两方面有效提高点赞率。

(1)需求价值:微信用户阅读公众号文章都是有一定内在需求的,如需求是休闲消遣的微信用户,就会喜欢看搞笑幽默类的文章;需求是了解社会时事的用户,就会更喜欢看新闻报道类的文章。

所以公众号文章一定要提供能够满足目标读者群体需求的有价值的内容，这样读者在阅读完文章后才会主动点赞。

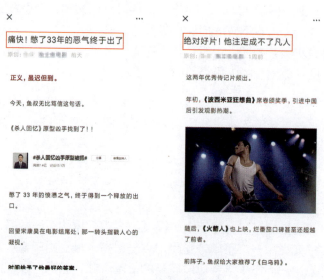

图10-3　情绪化的标题

（2）传播价值：微信用户热衷于分享，他们经常会将喜欢的内容分享给具有相同兴趣或可能有需求的微信好友。公众号内容运营者可以利用这一点，增加文章的传播价值，让文章更容易被点赞者传播分享出去，看到的人多了，点赞的人也会一定程度地增多，因而就可能获得更多的点赞。

3. 逻辑

高赞的公众号文章总是逻辑严密，不会出现前后内容的矛盾，句子结构清晰合理，这些要求公众号内容运营者有较高的写作水平。

不过对新手公众号内容运营者来说，多使用逻辑连词便是增加文章逻辑性的一种简单技巧，在公众号文章中的句子或者段落的首部和中部加上诸如"因为……所以……""虽然……但是……""不仅……而且……"等逻辑连词，原本平淡的内容看上去逻辑性就会很强。

4. 氛围

大部分微信用户是没有顺手点赞习惯的，点赞便意味着主动示好。每个人潜意识里又有着一份自我矜持，希望自己的主动示好能得到他人的认可和回应。

所以不少人在看到一篇自己喜欢的公众号文章时，通常不是用点赞来表达喜爱之情，而是通过在文章下留言来表达赞赏和喜爱之情，因为这样既可以得到作者的回复作为主动示好的回应，也可以因为其他具有相同观点的读者对留言点赞来获得认可，满足自身潜意识中矜持的自尊心。

这时候就需要运营者在文章中营造一种点赞的氛围来激励读者们主动为文章点赞。常见的营造点赞氛围的方法有以下 3 种。

（1）文末求赞：既然大多数读者因为潜意识里的自我矜持不愿意主动点赞，那公众号内容运营者便可以主动向读者求赞，以此来卸下读者潜意识中的心理包袱。

运营者在文章末尾主动向读者求赞是一种非常常见也很有效果的营造点赞氛围的方法，在公众号文章的末尾经常可以看到，如图 10-4 所示。

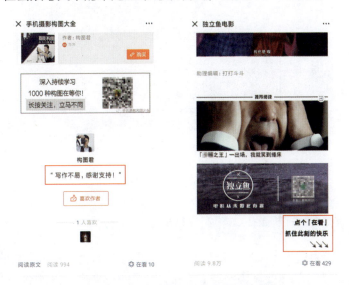

图 10-4　文章末尾的主动求赞信息

（2）标题引导：在公众号文章标题中加入主动向读者求赞信息，或是加入引导读者点赞的信息也是一种比较常见的营造点赞氛围的方法。标题中主动向读者求赞的信息通常都是以"请"字开头，以表现诚恳的姿态。

但要说明的是，标题是公众号文章吸引读者的重要部分，在标题中加入主动求赞信息可能会让标题的吸引力下降，因此需慎用。

而文章标题中引导读者点赞的信息一般是"怒赞""点赞"等提示性信息，引导读者点赞，如图 10-5 所示。

（3）留言提醒：在公众号文章末尾的"点赞"按钮下就是留言区，在留言区也可以营造点赞氛围。读者在留言区的评论默认情况下是根据点赞数量的多少来排序的，留言评论的点赞数越多，其在评论区的排序也就越靠前，点赞数最多的留言评论将会被置顶。

但公众号的运营者可以利用权限将某一条评论人工置顶。如果有忠实粉丝在留言评论中提醒其他读者点赞，那么运营者就可以将该留言评论人工置顶。而读者的留言评论点赞提醒，要比运营者的求赞信息更具有说服力，更易被广大读者接受；如果提醒点赞的留言评论来自文章中提及的某一领域的意见领袖，那点赞氛围将会更加浓厚。

图10-5　引导点赞标题

10.5　决胜千里——创作优质文章内容

在文章写作和布局过程中，公众号内容运营者要想让文章内容能够决胜千里，吸引众多的读者，就需要掌握一些表现技巧。接下来将为大家介绍一些让平台内容决胜的表现技巧。

1. 塑造独特的表达风格

合适的表达风格，能给公众号内容运营者的粉丝带来优质的阅读体验。以定位为传播搞笑内容为主的运营者为例，他的语言风格就必须诙谐幽默，并配上一些具有搞笑效果的图片。

另外，从文章的感召力方面来说，基于同类人之间的人格感召力打造的独特个性风格，无疑是吸引有着相同性格特征的人的重要力量。就如，对生活充满自信和希望的人总是乐于与乐观的人相处，而不乐于同时刻伤春悲秋和怯弱的人交谈。

2. 营造文章的场景

公众号内容运营者在创作文章时，并不只是将文字堆砌成一篇就完事了，而是需要用平平淡淡的文字拼凑成一篇带有画面的文章，让读者能边读文字，边想象出一个与生活息息相关的场景。

3. 用连载增加关注

人们在阅读时，总是趋向于寻找同一类型或主题的文章，力图全方面了解和熟悉有关于该类型和主题的知识。因此，在文章的正文写作上，可从这方面着手，着力打造一些经典的、具有代表性的专题，迎合读者的阅读兴趣和习惯。

连载的发文方式常见于小说和历史类的公众号文章。因为这类文章整体篇幅过长，以连载的方式发文，既能保障运营者有足够的时间写作修改，又可以通过连载聚集一大批稳定的读者。

4. 借热点提升人气

公众号内容运营者要有灵敏的鼻子，能够扣住最新热点，成为以热点获利的幸运儿。多找一些热门词，但一定要抓住时机，不要等热点冷却了一段时间才发布文章，那样并没有什么用处，没有几个人愿意去阅读过时了的信息。

因此，在利用热门、头条事件编辑文章时，写作时应该从 3 个方面着手，具体内容如下：(1) 寻找合适的热点撰写文章；(2) 紧跟新闻事件，获得访问量；(3) 保持新闻敏感性，富有创意。

5. 提供有价值的内容

对于微信平台来说，它之所以受到读者的关注，就是因为读者从该平台上可以获取他想要的信息。这些信息必须是具有价值的干货内容，而人云亦云、胡乱编写的文章带给读者的只能是厌烦情绪。

因此，在公众号内容运营中，运营者一定要保证推送的内容是具有价值的专业性的干货内容，读者从中能够学到一些具有实用性和技巧性的生活常识和操作技巧，从而帮助读者解决平时遇到的一些疑问和难题。基于这一点，也决定了运营者在内容运营方面是专业的，其内容也是能够接地气的，带来的是实实在在的经验积累。

10.6 排版有术——提高文章品质的秘技

在微信公众号平台上，运营者如果要进行内容运营，就需要对文章栏目和内容进行排版优化，以利于读者阅读和接受。

1. 设置分类栏目

运营者了解一些栏目设置的要求是非常有必要的。

在微信平台上，设置分类栏目的目的在于清楚、全面地呈现内容。所谓"清楚"，即公众号内容运营者要确保读者在看到栏目名称的时候，就可分辨出该栏目主要内容是什么，所要寻找的内容在哪一个栏目中可以快速找到。

以"手机摄影构图大全"公众平台的栏目设置为例，读者如果想要查看直播教程，那么就可以点击"微课教程"主栏目，然后再查看"京东直播"或者"千聊微课"直播形式观看构图技巧讲解，如图10-6所示。

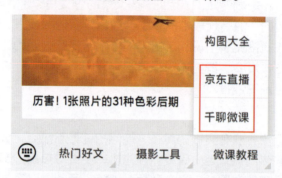

图10-6　"手机摄影构图大全"公众平台的"直播教程"内容

同时，公众号内容运营者在设置微信公众平台自定义菜单栏的版式时，要注意全面性。

所谓"全面"，即栏目的分类和取名要全面，既要保证平台的运营内容全面呈现，能够在栏目的分类中可以全部找到；又要保证其栏目名称的设置具有概括性和全面性，不能让其中某些内容出现在所有栏目下都无法有序查找的情况。

这些栏目版式的设置，都为平台文章成为爆文奠定了基础。

2. 排版有利于读者浏览

对于栏目设置而言，从艺术性和视觉上来说，必须吻合视觉习惯；而从实际操作上来说，栏目设置的重点在于方便读者浏览。

关于栏目设置方便读者浏览的要求，具体有如下3个方面的特征。

(1) 简洁性：平台界面的简洁是方便用户查看的基本要求。在微信平台上，栏目设置是非常简单的，特别是在微信公众平台上，一般的自定义菜单栏由3个栏目组成。

如果在主栏目下还有其他分类内容，为了界面的简洁，其子栏目一般都进行了隐藏设置，用户只要点击主栏目即可弹出子栏目。

(2) 人性化：具有人性化特征的栏目设置，其主要体现为用户可以根据自己的习惯和兴趣设置令自己满意的界面，这一特征在App平台上体现得尤为明显。

(3) 有序性：在微信、App和小程序上，无论是主栏目还是子栏目，都是按照一定的顺序进行排列的，而不是杂乱无章地呈现出来的。如图10-7所示为"手机摄影构图大全"小程序的界面设置。

图 10-7 "手机摄影构图大全"小程序的界面设置

可以看出,整个界面设置得十分有序,浏览起来十分方便,能够让用户一眼就找到自己想要的东西。

3. 排版有助于吸粉引流

公众号内容运营者在微信平台上运营,其最终目的是为了商业变现。商业变现的前提是要有足够的粉丝,因此吸粉是版式设置的重要目的之一。为了实现这一目的,平台运营者不仅可以在文章内容上提供干货和进行巧妙设置,还应积极地通过平台的栏目设置来进行平台互动,以期最大限度地获取读者关注。

在微信公众平台的后台处,还提供了自动回复功能。公众号运营者可以通过这一功能与自定义菜单结合,引导读者浏览信息,提升平台主动性和用户体验,最终实现吸粉引流,为文章成为爆文打下基础。

10.7 必备技巧——优化公众号搜索排名

影响微信公众号搜索排名的因素有很多,不同类型、不同领域的公众号有其不同的影响因素。运营者了解了影响自己微信公众号搜索排名的因素后,还需要从微信的搜索入口分析,找出能够优化公众号搜索排名的方法。下面笔者进行分析介绍。

1. 微信入口优化

在移动互联网中,微信运营者想要通过优化入口的方式提高搜索排名,首先需要了解微信有哪些能够优化的移动入口。微信上能优化的入口主要有以下几个,分别是搜狗搜索入口、微信搜索入口和平台收录入口。

2. 具体优化操作

运营者知道能优化的入口后,就可以进行具体优化操作,下面具体介绍和分析。

其一,搜狗搜索入口。微信优化搜狗搜索入口主要是优化搜狗微信搜索入口,那么运营者在该入口上如何优化?搜狗搜索平台的内容收录主要按"关键词匹配"的方式,从标题和内容上进行选取和匹配。

其二,微信搜索入口。微信搜索入口的内容目前有六个,如图 10-8 所示。

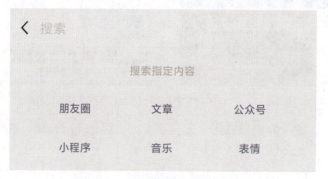

图 10-8 微信搜索的 6 个内容入口

根据关键词匹配进行搜索排序,影响微信搜索排名的因素有很多,建议运营者从最根本的优化入口入手。

(1)朋友圈:抓住生活中热点关键词优化朋友圈搜索入口。

(2)公众号:抓住领域中热点关键词优化公众号搜索入口。

(3)文章:抓住资讯中热点关键词优化文章搜索入口。

(4)小程序:抓住娱乐影视关键词优化小说搜索入口。

(5)表情:抓住网络流行词优化表情搜索入口。

(6)音乐:抓住娱乐明星关键词优化音乐搜索入口。

其三,平台收录入口。平台收录入口的优化主要指运营者将自己的公众号文章发表在其他平台上,以接入更多入口,扩大自己文章的传播广度和深度。一般来说,微信运营者除了在微信、微博推文之外,还常用新媒体平台来推广文章或公众号,比如今日头条、一点资讯、简书、贴吧等新媒体平台。

10.8 张弛有度——把握文章推送时间

当把微信推送的内容编辑好之后,微信运营者就要将内容进行发布了。掌握好发布的注意事项,能够为平台带来更多的粉丝流量。接下来笔者将为大家介绍平台内容群发时的一些注意事项。

1. 把握正确的文章推送时间

编辑微信内容之后，运营者面临的下一个难题就是在什么时候发送微信比较合适？哪个时间点的被阅读率最高？

众所周知，用户在收取订阅号信息的时候，会有这样一个规则，就是在微信公众平台中后面发送的信息显示在先发的信息前面，也就是说在订阅号中的显示顺序和信息发送时间呈反向的，即谁最后更新，谁就排在最上面。因此，选择合适的发送时间对于微信运营者来说，是非常重要的一件事。

那么推送的具体时间怎么定呢？

通常来说，运营者推送信息，有3个比较好的时间点供选择。

(1) 早上8点左右：新的一天开始，人们的大脑得到了充足的休息，对信息的需求量也相对要大，这是运营者推送信息的黄金时段。

(2) 中午11点半到12点半：这段时间大家一般进入吃饭、午休的阶段，玩手机微信的几率大大增加，运营者可以把握这个时间进行信息推送。

(3) 晚上8点到9点：这个时间是晚上的黄金时段，工作一天，大家进入放松的时刻，通常是在看电视或者散步时，比较容易接受文章推送。

2. 推送时间的技巧

接下来让我们看下微信内容推送时间的技巧。

(1) 分析数据：分析数据是为了成功把握粉丝活动的时间，利用合适的时间进行微信内容推送，效果往往会事半功倍。

(2) 因人而异：对不同的营销对象，运营者要采取不同的推送时间。

(3) 定时推送：对于一个想要塑造品牌形象的运营者而言，在保证微信内容质量的同时，最好形成定时推送的习惯，这样能让用户避开那些骚扰信息，定时地去翻看运营者的微信。

(4) 紧跟动态：运营者必须随时注意社会动态，当遇上重大政治时事、社会新闻时，可以根据具体情况改变推送微信的时间。

10.9 善于沟通——用交流来激活用户

对当今互联网环境下，最有价值的莫过于流量了，流量成为衡量网络平台或自媒体价值的一项重要指标。这个指标并不单指注册用户人数或者会员用户人数，更多的是指活跃用户数量。

何为活跃用户数量？对于网络平台来说，就是指频繁使用平台的用户；对于自媒体来说，就是经常看推送的信息并乐于互动的关注者。

微信带有很强的社交属性，因此微信公众号运营者可以比较轻松地在微信中与粉丝用户进行社交互动，以此来激发粉丝的活跃度。

在微信中，运营者与粉丝用户社交互动，其最简单也最基础的形式就是文字沟通。下面笔者就为大家介绍一些运营公众号时与粉丝用户进行文字沟通的技巧和方法。

1. 后台消息自动回复

在微信公众平台中，"自动回复"功能是一个非常好的功能，应该好好利用起来。通常，自动回复功能有三种模式，分别是被关注回复、收到消息回复和关键词回复。

2. 后台关键词自动回复

对于任何一个想要做好微信公众号的运营者来说，设置好关键词回复都是必不可少的环节。关键词回复的作用是当用户输入关键词的时候，就会触发自动回复功能，让用户能够及时了解到自己想要了解的信息。

到目前为止，关键词回复的开发空间超乎人们的预计，通过自定义关键词回复接口，用户可以利用输入关键词来查看最新活动。

除此之外，很多用户通过自定义回复功能和微信公众号互动功能，提出了大量的宝贵意见，有的运营者在微信内生成微信贺卡，更有部分运营者已经实现了微信导航。

3. 后台回复消息宣传推广

其实很多公众号运营者都不知道后台消息回复也可以成为一种宣传推广微信公众号的方式。

比如说有很多企业微信公众号，它们的主要目的是宣传自己企业生产的产品来吸引粉丝，从而实现赢利。如果要想利用后台消息回复来做好宣传推广，那么，设立后台消息回复的内容时需要注意以下问题。

（1）不宜过长：后台回复的消息不宜太长，最好言简意赅；回复太长的话，用户可能会看不下去。不管运营者是要宣传，还是要推广，首先都应该从用户的角度出发去看待相关的问题。

（2）不宜过短：后台回复消息也不能太短了，因为你是要宣传推广自己的微信公众号，太短了可能导致不能向用户讲清楚自己的微信公众号到底是做什么的。

（3）富有新意：后台消息最好富有新意，不要像搞推销一样，一股脑地把关于自己公众号的信息都吐出来，然后要求用户必须关注自己的公众号。这样会让用户感到厌烦，不能达到宣传推广的效果。

4. 回复网友文章评论留言

文章有人看,自然也会有人评论留言,而且每个人思考问题的角度都不一样,对于同一问题的看法和立场也不尽相同。

运营者就是要去回复这些有自己的看法和立场的网友文章评论留言,其回复留言的过程也就是与网友互动交流的过程。

虽然回复留言比不上彻夜长谈那种详细的交流,但最起码能够知道评论留言的用户是对微信公众号感兴趣的,并且有的时候还能提出一些建设性的意见。

10.10 换位思考——从用户角度思考问题

微信营销的优势是能够消除人与人之间的距离感,运营者想知道用户的想法,就必须从用户的角度去思考。

1. 搜索习惯

用户无论是在网站上搜索还是在微信上搜索,用户的搜索习惯始终不会改变。用户搜索习惯是指用户在搜索自己需要的信息时所使用的关键词形式,而对于不同类型的产品,不同的用户会有不同的思考和搜索习惯,这时,运营者就应该优先选择那些符合大部分用户搜索习惯的关键词形式。

一般来说,用户在进行搜索时,输入不同的关键词会出现不同的搜索结果。对于同样的内容,如果用户的搜索习惯和公众号所要表达的关键词形式存在差异,那么页面的相关性会大大降低,甚至会将正确结果排除在搜索结果之外,如大部分的用户在寻找 A 页面,而你提供的却是 B 页面。

因此,商家企业在进行关键词设置时,可以通过统计用户在寻找同类产品时所使用的关键字形式,分析用户的搜索习惯,不过这样的关键字只是适用于同类产品。

例如,要分析用户在微信文章中的搜索习惯,可以在微信文章搜索栏中搜索"摄影",搜索栏下方会显示出摄影技巧、摄影笔记、摄影大赛、摄影工作室这 4 个结果,如图 10-9 所示。

图 10-9 微信文章搜索"摄影"

由图中可以看出,搜索量大的结果会靠前显示,这说明其比较符合用户的搜索习惯,如"摄影技巧"。

2. 浏览习惯

美国研究网站的著名设计师发表的《眼球轨迹的研究》报告显示,在阅读网页时,大多数人的眼球都会不由自主地以 F 形状进行扫描阅读,然后形成一种恒定的阅读习惯,这使网页的呈现越来越趋向于 F 形。

(1) 目光水平移动。首先浏览网页最上部的信息,形成一个水平浏览轨迹。

(2) 目光短范围水平下移。将目光向下移动,扫描比水平移动时短的区域。

(3) 目光垂直浏览。然后将目光沿网页左侧垂直扫描,在浏览网页时,垂直浏览的速度会比之前较慢,也比较有系统性、条理性,对寻找最终信息有着至关重要的作用。

运营者知道了大多数人浏览网页的习惯后,就可以沿着这样的眼球浏览轨迹进行关键词设置,吸引浏览者的眼光。

3. 阅读习惯

人们的阅读习惯已经从传统的纸张转向互联网,又从互联网延伸到了移动互联网,尤其是手机 App 应用和微信公众号的发展,使移动端成为人们阅读的首选。

第 11 章
10 个吸粉秘诀，让粉丝源源不断

学前提示

　　一个公众平台获利的多少在一定程度上取决于粉丝的多少，因此运营者一定要吸引足够多的粉丝才能让公众平台火起来。本章主要向运营者介绍最常用的吸粉引流技巧，详细介绍吸粉引流的方法和过程，让公众号运营者工作可以更加顺利。

要点展示

- 引人入胜——通过多样内容引流
- 调动用户——利用爆款活动引流
- 知识付费——利用线上微课吸粉
- 新型营销——利用二维码来吸粉
- 硬件助力——通过硬件设备引流
- 朋友圈——通过好友互推引流
- 征稿大赛——效果更好的引流方法
- 大号互推——建立公众号营销矩阵
- 点赞转发——利用公众号功能引流
- 脱颖而出——通过其他平台吸粉

11.1 引人入胜——通过多样内容引流

我们都知道,微信公众号展示内容的方式包括图文、信息、视频、文本等。不管是在以前的网络营销,还是现在的微信营销,只有丰富、有趣、有特点的内容才更能吸引人。

在微信公众号运营中,很多微商学会了以 H5 化的方式进行微信内容展现,使微商公众号页面可以多层次、多角度地展现内容,再配上诸多实用性和个性定制的功能,可以更加吸引粉丝的关注。下面介绍微信公众号运营中 3 个利用内容吸引用户的要点。

1. 内容富有个性

个性化内容是微商最难把握的一个要点。因为要打造真正意义上的个性化内容既没有标准,又不是一件很容易就达成的事,特别是在需要持续更新内容的情况下,这会是一个很艰巨的任务。

在此,笔者给出简单易操作的方法。微商可以取巧,以表达形式的个性化代替内容内涵的个性化,即利用图文、长图文、短视频和文字等诸多形式来推广,这样也是打造富有特色的个性化内容的技巧之一。

2. 内容丰富有趣

丰富有趣,指微信公众号的内容要有足够的新意和吸引人的地方,就算不能做到让内容全部都具备创意和新意,那也要做到让发布的内容不至于太过空洞无聊。另外,"情感类"的内容也可以归类到丰富有趣的内容中,能引发用户情感上和心理上的共鸣,也是很吸引粉丝的。

3. 带来利益驱动

利益驱动,指公众号主动适应用户需求,发布的内容具备一定的实用性,既可以为用户传授生活常识,也可以为用户提供信息服务。总而言之,用户能够从推广的内容中获取到某种形式或某方面的利益,他们才会成为微商产品的追随者。

11.2 调动用户——利用爆款活动引流

通过微信公众平台,运营者可以多策划一些有趣的活动,以此来调动用户参与活动的积极性,从而拉近运营者与用户的距离,并以此留住用户。

除了发布活动之外,运营者还可以通过其他的活动策划来拉近与用户之间的距离。例如,通过问卷调查了解用户的内在需求,通过设置各类专栏与用户展开积极的互动等,只有用户参与其中了,才会对运营者微信公众平台有归属感和依赖感。

无论是大品牌企业还是小品牌企业，为粉丝定期地策划一些有心意的活动，是一种很好的增强粉丝黏性的行为。而在有新意的活动策划中，最重要的一个环节就是对目标群体和活动目标进行分析，具体内容如下：

(1) 企业的目标人群；

(2) 目标人群的需求；

(3) 吸引目标人群的内容；

(4) 本次策划活动的最终目的。

只有对自己的目标用户和营销目的有了专业的、精准的定位分析，才能策划出吸引人的活动方案，而只有运营者策划出了吸引人的活动方案，才能留住用户，提高粉丝的黏性。

相对于传统的营销活动来说，微信活动的策划并不拘泥于某种固定的形式，微信运营者可以采用某种单一的形式，也可以同时兼具多种方式进行活动的策划。

微信策划活动如果做得好，还可以打通线上线下，这样不仅加大了宣传的力度，同时也获得了更多用户的关注，吸引更多用户的参与。

1. 线上活动策划

线上活动有很多种类，比如抽奖、转盘、转发有礼等，企业和个人微信公众号运营者可以根据本身的需求选择合适的方式进行活动的策划和运营。

首先，作为活动策划的运营人员，需要了解自己的职责。

(1) 负责方案的策划、沟通及执行。

(2) 负责活动数据整理及效果分析。

(3) 负责活动的监测和改进。

(4) 负责活动环节设计和具体落实工作。

(5) 能够深度了解用户的需求。

(6) 能够把握活动风险情况。

对于微信运营者而言，还需要撰写相应的活动方案。通常来说，一个完整的活动方案包括如下内容：活动主题、活动对象、活动时间、活动规则、活动礼品设置、活动预计效果以及活动预算。

在活动结束后，微信运营者需要针对活动撰写一份活动报告总结，分析活动的总体效果，有哪些突出的亮点，还有哪些方面需要改进。

2. 线下活动策划

策划和执行线下活动时，运营人员的主要工作如下。

(1) 负责方案的策划和执行。

(2) 负责活动数据整理及效果分析。

(3) 负责活动的监测和改进。

(4)根据活动要求考察活动场地。
(5)和合作方或者供应商洽谈活动细节。
(6)对活动现场的人力、物力安排进行调度。
(7)组织搭建活动现场。

线下活动相比线上活动来说，有时候更为复杂，从活动策划、场地安排、人员管理到活动预算、现场演讲安排、互动游戏等多方面都有涉及。

11.3 知识付费——利用线上微课吸粉

线上微课是指按照新课程标准及其教学实践的要求，以多媒体资源（电脑、手机等）为主要载体，记录教师在课堂内外教育教学过程中围绕某个知识点而开展的网络课程。

线上微课的主要特点有如下几点：教学实践较短、教学内容较少、资源容量小、资源组成情景化、主题突出、内容具体、草根研究、趣味创作、成果简化、多样传播、反馈及时、针对性强。

比如"手机摄影构图大全"微信公众号就推出了"妙手回春的后期！将普通的照片修成精彩大片！龙飞国庆旅游朋友圈修片秘籍全程揭秘！"的线上微课，如图11-1所示。

图11-1 线上微课

11.4 新型营销——利用二维码来吸粉

二维码营销是指以二维码为纽带，融合移动互联网、自动识别技术，精准投放优惠券，通过对二维码图片的传播，引导消费者扫描二维码，来推广相关的产品资讯、商家推广活动，刺激消费者进行购买行为的新型营销方式。

下面笔者为大家介绍二维码营销的渠道和营销技巧。

1. 营销渠道

二维码营销具有信息量大、成本低、可加密、尺寸可变等优点，微店店主如果想要利用二维码进行店铺营销推广，可以通过以下渠道展开。

(1) 微信渠道：微信二维码是腾讯开发出的配合微信使用的添加好友的一种新方式，是含有特定内容格式的，只能被微信软件正确解读的二维码，微信二维码的广泛使用为微信账号传播提供了绝佳的衔接介质。

(2) 网站网页渠道：用手机扫描载体上的网站二维码，通过解码软件迅速识别码内网址，手机上网变得易如反掌，从产品运营的角度来看，网站二维码下载方式已经成为一种很简捷的下载方式。

(3) 线下广告渠道：企业可以在一些户外广告或者线下宣传礼品的包装袋上加印二维码，用户在看到广告的时候，即可顺便扫描下二维码。

通过平面、户外、网络以及印刷品等媒体可以很方便地让二维码显露出来，再结合相应的"诱因"（如免费会员卡等），即可比较简单地获得消费者。

(4) 微博渠道：在发布微博的时候，利用微博的强大用户数，可以将自己的应用地址生成二维码。用户使用二维码识别软件，扫描后即可下载。

(5) 邮件渠道：营销人员可以将二维码营销与邮件营销进行完美结合，在邮件里生成营销二维码，收件人用手机一扫，即可访问广告页面，让广告效果成倍提高。

(6) 企业名片：名片是一个企业的形象，随着网络的兴起，名片上又加上了企业网站和QQ号等信息。如今，智能手机与二维码成为名片的得力助手，名片上加印二维码，扫一扫即可很轻松地看到企业宣传或者营销活动。

2. 二维码营销技巧

二维码不仅可为品牌进行线上线下互动营销，同时还为检测线上媒体投放效果开辟了新的道路，因此，对于想要进行微营销的商家企业来说，掌握一些二维码的营销策略对于企业发展至关重要。具体来说，如下4个技巧是必须要掌握的。

(1) 解析二维码的内容：二维码推广，要告诉消费者扫描二维码之后，能看到什么。在消费者不知道二维码里面有什么的情况下，企业很难取得很高的二维码扫描率。如果二维码里头是优惠券或者其他优惠信息，企业应该在二维码旁说明这里面是优惠券或者有其他具体优惠。

(2) 关注二维码扫描率：对于企业来说，想要做好二维码营销，就必须选好二维码投放平台，以提高二维码的扫描率。在笔者看来，一个好的投放平台的营销效果会比企业随便选择多个平台的效果要好得多，因此，企业要抓住用户所关注的平台，选择合适的位置与合适的时间进行二维码投放。

（3）增强用户的体验度：如果企业要应用二维码，就应该利用二维码去引发消费者的互动，增强用户的体验度，并且强化消费者购买产品的欲望。企业可以利用各种二维码互动活动，满足用户的消费体验，达到提高产品的成交转化率的最终目的。

（4）利用数据精准营销：成效高的二维码营销懂得借助智能手机设备与手机通讯的个性化与数据化特征，为精准营销提供广阔空间。在移动互联网时代，借助智能手机，二维码可以精确地跟踪每一位用户的记录，为企业选择最优媒体、最优广告位、最优投放时段提供精确参考。

11.5　硬件助力——通过硬件设备引流

微商在进行公众号引流的过程中，还可以通过微信广告机、二维码发票和WIFI这3种硬件设备来吸粉，提高引流的效果。

1. 用微信广告机来吸粉引流

微信广告机是一款硬件产品，可以通过加好友、群发消息快速而精准地推广微商消息，现在很多微商都在用微信广告机做推广。微信广告机的主要商业价值有以下几个方面。

（1）多功能终端。粉丝在体验照片快捷打印的时候，广告机通过事先设置好的微信宣传方案，可以让粉丝快速关注微信公众号，以此来提升公众号关注度。

（2）全方位宣传。广告机可以用它本身带有的视频、图片以及一些其他功能来进行宣传，不仅如此，正在不断更新的广告模式可以让广告机通过网络远程宣传产品广告，且能分屏管理宣传，让每一个广告都有效地传递给受众。

（3）照片互动宣传。微信广告机通常具备照片打印功能，10秒钟就可打印一张照片，所以可采取打印手机照片收费的方式来增加收益。照片下端还可印刷广告，给粉丝关注微信公众号进行一个"长尾宣传"，让广告信息和品牌价值传递给更多的人。

（4）提升品牌形象。通过微信广告机，用户可以快速制作自己的LOMO卡，提升商品在用户心中的形象，让品牌传播从被动变为主动。这不仅巩固了现有的品牌消费者，更能带动潜在消费者，实现品牌价值快速提升。

（5）微信加粉利器。用照片的方式与客户进行互动，既方便快捷地带给客户直观、真实的感受，节省了广告成本，又能让客户主动扫描二维码，达到了吸粉的效果，提高了微商的销售额和关注度。

2. 用 Wi-Fi 来吸粉引流

现在有种吸粉神器，就是可通过关注微信公众号实现 Wi-Fi 上网功能的路由器，特别适合线下的商家。再好的微商，都需要做 Wi-Fi 入口导航，否则很难积累粉丝。用 Wi-Fi 广告软件，可以将公众号引流做到极致。

例如，WE-WIFI 是国内独家基于微信公众号关注关系，实现"免费 Wi-Fi + 微信关注即登录"的 Wi-Fi 上网与认证产品，用户无需重复认证上网操作，只要微信的关注一直保持，下次到店即可自动连上 Wi-Fi 上网。

3. 用二维码发票来吸粉引流

消费者在购物时，通常会向商家索要发票，一些微商的发票上是携带公众号二维码的，这些发票就是使用二维码发票打印机进行打印的。

随着打印机技术的发展，发票二维码打印机也成了时尚的选择。这种带有公众号二维码的发票具有更好的引流功能，在使用过程中受到了微商的喜爱。

11.6 朋友圈——通过好友互推引流

好友互推指的是运营者在自己的个人微信号、企业微信号的朋友圈里发布软文广告或者硬广，让自己朋友圈的好友关注你的微信公众号的一种吸粉引流方法。

运营者在进行好友互推的时候，可以把自己微信公众平台上发布的文章，再在自己的朋友圈发布一次，朋友圈中的好友看见了，如果感兴趣就会点开文章阅读。运营者可以坚持每天发送，只要文章质量高，自然而然能够吸引他人关注公众号。

这种方法，在分享自己动态的同时，也宣传了公众平台，是个很不错的推广方法，而且也不容易引起朋友圈中好友的反感。

朋友圈的力量有多大，相信不用笔者说，大家都知道。微信运营者可以利用朋友圈的强大社交性为自己的微信公众平台吸粉引流。朋友圈的强大主要表现在两个方面，如下所示。

(1) 运营者本身朋友圈的影响力。
(2) 朋友圈用户的分享和高效传播能力。

而想要激起用户转发分享，就必须有能够激发他们分享传播的动力。这些动力来源于很多方面，可以是活动优惠、集赞送礼，也可以是非常优秀的、能够打动用户的内容。不管怎么样，只有能够给用户提供价值的内容才会引起用户的注意和关注。

11.7 征稿大赛——效果更好的引流方法

微商可以通过在微信公众号上开展各种大赛活动，进行吸粉引流。这种活动通常在奖品或者其他条件的诱惑下，参加的人比较多，而且通过这种大赛获得的粉丝质量都会比较高，因为他们会更加主动地去关注公众号的动态。微商可以选择的大赛活动类型非常多，但原则是尽量跟自己所处的行业领域有关联，这样获得的粉丝才是有高价值的。

微商可以根据自己的公众号类型，在平台上开展征稿大赛，做法可以是为自己的平台要推送的文章进行征稿，也可以是为自己平台的产品进行征稿。采用征稿大赛吸粉引流，可以借助一定的奖品来提高粉丝的参与度。

微商举行征稿大赛时，如果活动过程中涉及网络投票，那么在这个环节一定要注意刷屏情况的出现。在征稿大赛活动中，防止刷票是非常重要的。只有能够给每一位参赛者一个公平竞争的机会，才能确保选出的获胜者拥有真正的实力，也能够有效防止微商以及参赛者的账号被平台系统封号。

微商在策划征稿活动的时候，在投票环节还需要注意的一点是，要做好用户的投票体验。做好用户的投票体验指的是，用户在给参赛者投票的时候，投票的方式要尽可能方便，不要过于繁琐。

提升用户投票体验和效率可以通过在投票平台上设置一些小功能实现。例如，微商可以在投票页面设置一个搜索栏，这样用户进入投票页面后，就可以直接在搜索栏中搜索参赛者的名字或者参赛号码，然后给参赛者进行投票。这种方法可以防止参赛者排名靠后，用户需要一页一页浏览去寻找参赛者而带来的麻烦。只要将用户的投票体验提升了，用户的投票效率自然而然就会相应地提高。

11.8 大号互推——建立公众号营销矩阵

大号互推，是微信公众号营销和运营过程中比较常见的现象，其实质是微商和微商之间建立账号营销矩阵（指的是两个或者两个以上的微商，双方或者多方之间达成协议，进行粉丝互推，提升双方的曝光率和知名度，最终有效吸引粉丝关注），可以达到共赢的目的。

1. 寻找合适大号进行互推

大号互推，其结果要求是双赢，因此，在选择合作的大号时要慎重，要双方得利，这样才能合作愉快并维持稳定的互推关系。那么，从自身方面来看，应该怎样选择适合自己的大号呢？

（1）大号是否名副其实。

如今，不同的平台，不仅粉丝数量有差异，粉丝质量同样是参差不齐，这就使得有些"大号"不能称之为真正意义上的大号，此时要求微商对新媒体账号有一个判别的能力。

具体说来，可从新榜、清博等网站上的统计数据来查看其平台内容的阅读数、点赞数、评论数和转发率等参数。当然，有些平台账号的这些参数明显是有水分的，如果一个平台账号每天推送的内容的阅读数、点赞数都相差无几，此时就要特别注意其参数的真实性是否值得怀疑。

(2) 用户群、地域是否契合。

一个公众号账号的用户群和地域分布，一般是有其规律和特点的，微商应该从这一点出发来选择合适的大号。首先，在用户群方面，应该选择那些有着相同用户属性的大号，这样的大号的用户群才有可能被吸引过来。

其次，从地域分布来看，假如微商想在某个区域做进一步的强化运营，那么就可以选择那些在这个区域有着明显品牌优势的大号；如果微商想要做更大范围内的运营，那就应该选择那些业务分布广泛的大号。

(3) 选择合适广告位。

营销和推广无论是线上还是线下，广告位都非常重要。特别要注意的是，不是最好的就是最合适的。选择合适的大号互推也是如此。

一般说来，植根于某一平台的新媒体大号，它所拥有的广告位并不是唯一的，而是多样化的，且越是大号，其广告位也就越多，而效果和收费各有不同。此时就需要微商从自身需求、预算和内容等角度出发，量力而行进行选择了。

在微信公众平台上，其广告位有头条和非头条之分，这是按照广告的条数来收费的，当然，头条和非头条的价位也是明显不同的，头条收费自然是最贵的。除了这些呈现在内容推送页面的广告位外，还有些是位于推送内容中间或末尾的广告位，如 Banner 广告（末尾）和视频贴片广告（中间）等，这些广告既可以按条收费，也可根据广告效果来收费。

2. 最大程度地提升互推效果

在找到了互推资源并确定了一定范围内的合适的互推大号后，接下来微商要做的是怎样最大程度地提升互推效果，也就是应该选择何种形式互推才能获取更多的关注和粉丝。

(1) 筛选参与大号。

最终确定互推的参与人是提升互推效果的关键一环。此时可从两个方面去考查，即互推大号的调性和各项参数。

从调性方面来看，首先应该确认筛选的参与大号是否适合自身内容和账号的推送，如果不适合，那么这个新媒体账号的粉丝再多也是不可取的。

互推大号各项参数主要包括粉丝数、阅读数、点赞数和评论数等。一般来说，这些数据是成正比的，然而也有例外，有时粉丝数差距在 10 万～20 万之间，但阅读数相当，因此微商应该根据一段时间的比较稳定的数据来筛选互推大号。

在根据如上两个方面进行综合比较和分析之后,就要最终确定筛选结果和选定互推的参与大号了。此时笔者要提醒大家的是,不要忘记各个关于新媒体平台的排行榜,灵活参考效果将更佳。

(2) 建立公平规则。

公众号微商在文案中进行互推时,建立公平的规则是很有必要的,只有这样才能长久地把互推工作进行下去,否则极有可能半途夭折。而要设定公平的互推规则,有两种方法,即"一头独大"的固定式互推排名和"百花齐放"的轮推式互推排名,具体内容如下。

"一头独大"的固定式互推排名:其中的"固定"意为组织者或发起人的排名是固定的,而不是指所有的互推的排名都是固定不变的,其他大号的排名是以客观存在的公众号排行上的某一项参数或综合参数为准来安排的。这种排名方式一般是对组织者或发起人有利的方式,但是并不能说这种方式是不公平的,因为相对于其他大号来说,组织者或发起人的工作明显更繁重,所有相关的互推工作都需要统筹和安排。

"百花齐放"的轮推式互推排名:为了吸引那些质量比较高、互推效果好的大号参与,组织者或发起人也有可能选择轮推的方式来进行互推排名。这里的"轮推"是把组织者或发起人安排在内,他(她)也按照轮推的方式来进行互推排名,而不是像"一头独大"的固定式互推排名一样总是排在互推的第一位。

(3) 创意植入广告。

事实证明,公众号如果强推互推,不仅达不到预期的效果,反而会引起用户不满。微商要想在文案中植入互推广告,必须把握两个字:"巧"和"妙"。那么具体如何做到这两点呢?有以下几个策略可供参考。

图片植入法:相比纯文字的信息,图片加软文的方式更加受用户群的欢迎。通过加入图片来进行表达或者描述互推的微商的微信公众号,会更容易收到效果。

视频植入法:在软文中加入一段互推大号的视频或者语音,宣传效果会更好。如果希望效果更好,可邀请名人或明星来录制音,若觉得请名人、明星的成本太高,可以让大号门面人物来录制。

舆论热点植入法:每天,手机上都会接收到各种各样的关于网络舆论热点人物或者事情的报道,它们的共同点就是关注度高。微商可以借助这些热点事件撰写内容,然后将互推广告植入进去。

故事植入法:故事因为具备完整的内容和跌宕起伏的情节,比较吸引大家的期待,关注度相对高。微商植入互推广告时,可以充分借用这一手段,改变传统的广告硬性植入方式。

11.9 点赞转发——利用公众号功能引流

一般来说，只要公众号的产品好，那么用户也是不会吝于点赞的。而若想要用户进一步转发，那么他们一般会基于两个方面的原因：一是因为有利益关系存在，二是主观认为被转发者有这方面的需求。

正是因为如此，公众号运营者可以设置一些活动或提供丰富多彩的内容，一方面可以让用户主动转发或购买，另一方面也可以在其中提供一些切实的利益，让用户帮助点赞转发。

因此，在目前各大平台提供了点赞、转发功能的情况下，可以积极发挥它们的作用，让用户在关注平台的时候乐于进行点赞转发。

但是在微信公众号运营后期，微商必须根据用户的需求不断地增加、提升和完善内容和活动，使这一功能应用更加全面。而对于大品牌营销而言，就需要针对目标群体进行个性化的定制。

11.10 脱颖而出——通过其他平台吸粉

现在推广公众号的平台越来越多，吸引粉丝的方式也越来越多，怎样才能从中脱颖而出呢？下面以百度百家和知乎平台为例，主要向运营者介绍借助推广平台吸粉引流的技巧，让公众号运营者的工作能够变得更简单一点。

1. 百度百家

百度百家平台，它是百度旗下的一个自媒体平台，于 2013 年 12 月份正式推出。运营者入驻百度百家平台后，可以在该平台上发布文章，然后平台会根据文章阅读量的多少给予运营者收入，与此同时百度百家平台还以百度新闻的流量资源作为支撑，能够帮助运营者进行文章推广、扩大流量。

百度百家平台上涵盖的新闻有四大版块，具体包括体育版块、文化版块、娱乐版块和财经版块。如图 11-2 所示，是百度百家平台官网首页。百度百家平台排版清晰明了，用户在浏览新闻时非常方便。

百度对外公布了百家号的大概数据情况，自 2016 年 9 月 28 日开放注册以来，截至 2017 年 2 月 17 日，其平台注册用户已经超过 10 万个，其中通过的用户为 2 万多个，并创下了平台上单篇文章最高收入 2 万多元的成绩。

由此可见其受欢迎程度以及收益的可观性，这对微信公众平台运营者来说是一个毋庸置疑的好消息。

2. 知乎平台

知乎平台是一个社会化问答社区类型的平台，目前月访问量上亿。知乎拥有

PC、手机两种客户端。

图 11-2　百度百家平台官网首页

用户要注册、登录之后才能够进入平台首页，如图 11-3 所示是知乎平台 PC 客户端的注册页面。

图 11-3　知乎平台注册页面

在注册时还需要输入自己的职业或专业，如图 11-4 所示。

图 11-4　知乎平台输入职业或专业页面

用户在输入自己这些信息之后,会出现一个选择感兴趣话题的页面,对于这里的选择用户可选可不选。

进入知乎首页之后,其页面如图 11-5 所示。需注意的是,首页上显示的内容是根据用户选择的感兴趣的话题推送的。

图 11-5　知乎平台首页

第 12 章
10 种盈利手段，让赚钱变得简单

学前提示

大部分公众号就是借助粉丝来赢利赚钱的，毕竟粉丝数量多，可以多开展一些营销活动，或者带有商业性质的活动，这样不仅能让用户更加关注微信公众号，而且也可以实现赢利赚钱，真可谓一举两得。本章主要介绍多种盈利方式，让赚钱变得简单。

要点展示

- 电商品牌——通过特卖入口变现
- 头条广告——发布软广硬广变现
- 流量广告——开通流量主获得收益
- 赞赏功能——发布文章获得收益
- VIP 制度——会员活动收费变现
- 活动变现——举办商业收费活动
- 线上培训——效果可观的吸金方式
- 出版图书——靠基础和实力盈利
- App 开发——拓宽公众号变现渠道
- 代理运营——百万大号商业变现

12.1 电商品牌——通过特卖入口变现

对于品牌电商来说，在微信公众平台开放特卖入口，是一个非常不错的引流变现的方式。例如京东会在其微信公众平台上，引入"品牌闪购""京东秒杀""京喜购物"等链接，让用户直接点击进去，充分发挥了移动平台优势，既方便了用户，又获取了赢利的机会。如图 12-1 所示为"品牌闪购"与"京东秒杀"入口界面。

图 12-1　京东特卖入口界面

在通过电商品牌特卖入口推送品牌信息的过程中，运营者只有把握好推送的时间和推送技巧，才能为平台创造更多的赢利收入。具体来说，推送时间和推送技巧的含义如下。

（1）把握好推送时间：微信公众平台的运营者要选择最合适的时间推送消息，为品牌商家吸引更多的粉丝。

（2）把握好推送技巧：在推送的时候，可以通过添加图片的方式，让文章或者品牌活动更加具有说服力，以提高读者对品牌的满意度和依赖感。微信公众平台的运营者需要明白，图片对于品牌推广具有很大的作用，具体表现在 4 个方面，即文字中含软性植入广告、展示品牌产品的详情、让读者产生品牌代入感，以及让读者产生购买的欲望。

12.2 头条广告——发布软广硬广变现

随着互联网的发展，现在网络营销的方式也越来越多，不过最基本、最广泛的还是软文营销。微信公众运营者想要做好软文营销，实现商业变现，就需要懂得一些软广营销的规律和要素,只有这样才能让软文营销发挥其最大的作用。本节笔者将为大家重点介绍头条软文变现的内容。

头条软文广告是指在微信公众平台上,运营者将广告嵌入在头条消息中的一种广告形式。什么是头条消息?头条消息就是在推送消息中,摆在首要、最上面、最重要位置的一则信息。如图12-2所示为"左右视频"公众号的头条信息。

图12-2 "左右视频"的头条信息

头条消息作为公众号最重要的流量入口,是商家们紧盯的目标,将广告投放到头条消息中,能够收获到更加完美的效果。

头条消息和非头条消息最大的区别在于用户阅读数和点赞数等数据的不同,如图12-3所示为"左右视频"公众号同一天的头条消息和非头条消息的数据对比。

图12-3 头条消息(左)与非头条消息(右)数据对比

12.3 流量广告——开通流量主获得收益

在微信后台,有一个"流量主"功能。"流量主"功能是腾讯为微信公众号量身定做的一个展示推广服务,下面笔者将从三个方面对"流量主"功能进行介绍。

1. 功能阐述

"流量主"是微信公众号平台官方的唯一广告系统,开通流量主的公众号会将自身公众号内指定位置(通常是公众号文章页面底部)分享出去,给广告主作广告展示,然后开通流量主功能的公众号按月获得广告收入。流量主的开通方法在微信客服平台中有详细介绍,笔者就不赘述了,具体如图12-4所示。

开通门槛
- 微信公众账号运营到500粉丝(该账号关注用户)才能申请开通
- 同一主体最多允许20个公众账号申请开通流量主
- 存在刷粉行为的公众账号不予通过,规则请参见《微信公众平台运营规范 3.2》

图12-4 流量主的功能阐述

流量主展示的位置在图文消息的全文页面底部,如图12-5所示。流量主广告的展示形式包括图文、图片、关注卡片、视频等。

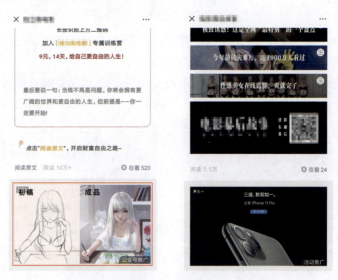

图12-5 流量主广告

2. 功能优势

流量主广告的功能优势包括如图12-6所示的四个方面。

- 简单开通，多种选择
  简单操作，即可开通不同的变现能力，无需审核等待，即开即用。

- 灵活配置，回报丰厚
  新增返佣商品、原创转载收益等多种变现能力，分成比例上调。

- 审核严格，推荐精准
  广告经过严格审核，可放心插入。根据读者兴趣推荐广告，提升收入。

- 随时反馈，及时响应
  可通过邮箱、论坛等渠道反馈意见，并有微信广告助手在线答疑。

图 12-6 流量主的功能优势

3. 功能介绍

流量主包括三大功能，分别是报表统计、流量管理和财务数据。

(1) 报表统计。

根据微信平台给出的说明，运营者可以了解到报表统计的功能是按时间筛选查询数据，提供关键指标趋势图，掌握数据变化拐点。

(2) 流量管理。

流量管理的功能是创建、修改广告，设置精准定向及出价。如图 12-7 所示为流量管理页面。

图 12-7 流量管理页面

(3) 财务管理。

财务管理的功能是让运营者查看每天广告收益明细，定期自动提现到银行账户。

开通流量主必须满足如下所示的要求。

(1) 已经开通了原创功能的账号要有1万粉丝才能申请开通流量主功能。
(2) 没有开通原创功能的公众号要有2万粉丝才能申请开通流量主功能。
(3) 同一个运营主体不能有超过20个公众号开通流量主。

所以对于想要通过流量广告进行盈利的商家，首先要做的就是把自己的用户关注量提上去，只有把用户关注量提上去了，才能开通流量主功能，进行盈利。

12.4　赞赏功能——发布文章获得收益

为了鼓励运营者推出优质的微信公众号内容，微信公众平台推出了"赞赏"功能，开通"赞赏"功能的微信公众号必须满足如下条件。

(1) 必须开通原创声明功能。
(2) 除个人类型的微信公众号，其他的必须开通微信认证。
(3) 除个人类型的微信公众号，其他的必须开通微信支付。

运营者想要让自己的微信公众号开通赞赏功能，就需要经历两个阶段：

(1) 第一个阶段是坚持一段时间的原创后，等到微信公众平台发出原创声明功能的邀请，运营者就可以在后台申请开通原创声明功能了。

(2) 第二个阶段是企业在开通原创声明功能后，继续坚持一段时间的原创，等待微信后台发出赞赏功能的邀请，这时，运营者就可以申请开通赞赏功能了。如图12-8所示，即是微信公众号"赞赏"功能的示例。

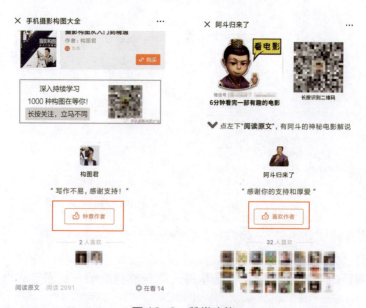

图12-8　赞赏功能

微信公众号开通"赞赏"功能之后，就多了一种赢利的方式，运营者可以通过在图文消息的最下方放置"赞赏"功能，让粉丝及用户自行赞赏。

很多微信公众号依靠"赞赏"功能，一天之内也有不少收入，当然，你推送的图文消息要对粉丝及用户具有吸引力，不然也是白忙活一场。

运营者如果符合开通要求，就只需在赞赏功能申请开通页面，单击"开通"按钮，即可申请开通赞赏功能，如图12-9所示。

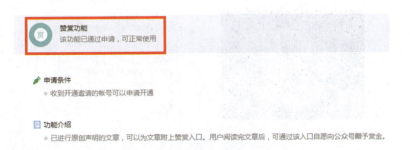

图 12-9 赞赏功能申请开通页面

12.5 VIP 制度——会员活动收费变现

付费变现的方式多种多样，在实际运营中，运用得最多的是付费阅读变现、VIP会员变现，本节笔者将为大家介绍付费阅读变现和VIP会员变现的这两种不同方式。

1. 付费阅读变现

付费阅读是微信公众平台里新兴的一种阅读变现模式。付费阅读的形式很多，例如"打赏获得全文""点击阅读原文链接进入付费模式"等都属于付费阅读变现的模式。

例如，"制剩工匠"微信公众号的"打赏获得全文"付费阅读变现模式，主要程序是，运营者撰写一篇优秀的文章，然后将文章的一部分发布到微信公众平台上，并注明如果读者想要继续阅读全文，需要进行付费，如图12-10所示。

2. VIP 会员变现

微信平台的运营者还可以通过招募VIP会员的方式实现商业变现。既然是平台的会员读者，就一定拥有一些普通读者不具备的特权，比如：

(1) 会员不需要付费就能阅读全文。

(2) 会员提出的问题，平台会在第一时间给予解答。

(3) 会员可以参加平台组织的线下活动，进行面对面的交流，等等。

图 12-10　付费阅读

招收付费会员也是微信公众平台运营者变现的方法之一，最典型的例子就是"罗辑思维"微信公众号。"罗辑思维"推出的付费会员制如下。

(1) 5000 个普通会员：200 元 / 个；

(2) 500 个铁杆会员：1200 元 / 个。

普通会员是 200 元 / 个，而铁杆会员是 1200 元 / 个，这个看似不可思议的会员收费制度，其名额却在半天就售罄了。

12.6　活动变现——举办商业收费活动

活动变现是指运营者通过组织各类线上线下活动，让其他机构或者读者赞助或付费的一种变现方式，活动变现的方式多种多样。

1. 冠名赞助

冠名赞助变现是一种商家以"商业赞助"的名义来买断平台某次活动的冠名权的变现方式。

通俗地讲，就是商家对微信公众平台进行商业赞助之后，微信公众平台需要将商家的品牌名称加入到推送的文章中，让商家品牌有更多的曝光率，达到为商家宣传推广的目的。

当平台接受了某个品牌或某个企业、机构的赞助之后，就需要在活动中将企业品牌名称体现出来，并且着重突出活动是由该企业冠名赞助的。

所以说，运营者要抓住资源，利用能利用的一切资源，实现商业活动冠名赞助的变现，最终达到赢利的目的。

2. 线下聚会

对于拥有一定数量的粉丝，同时是本地类的微信公众号而言，可以通过线下聚会的形式进行赢利。线下聚会的赢利方式主要包括以下内容。

(1) 通过日常文章推送以及粉丝的日常沟通，了解粉丝需要什么。

(2) 根据粉丝的需求和爱好，策划相应的线下自营项目，例如90后粉丝喜欢聚会、开Party，等等。

(3) 策划好了项目之后，可以组织粉丝一起参与，邀请大家一起来玩。

(4) 在前期做了几次这样的活动之后，看看效果怎么样。如果效果不错就在后期尝试收费。

其实这就是最基础的社群运营模式。进行线下自营模式的微信公众号最好能够满足如下所示的几点要求：

(1) 属于本地类的微信公众号。

(2) 微信公众号有一定的粉丝量。

(3) 公众号的粉丝有聚众玩耍的兴趣。

(4) 线下粉丝有相同的兴趣爱好。

12.7 线上培训——效果可观的吸金方式

通过文字或者视频给用户提供教学培训内容也是一种很不错的变现手段。作为微信公众号的运营者，你常常苦于没有内容发布，但是你却拥有一手好技术，这时，你就可以把自己的技术转换为公众平台的内容，发布出去，让成千上万的想要学习技术的用户成为你的粉丝。

想要通过教学培训进行盈利，微信公众号运营者就必须有一定的资源和技术，为用户提供有价值的内容，才能够在后期获得一定的回报。

目前，知识付费是微信平台中一种较常见的教学培训变现手法，著名的自媒体公众号"罗辑思维"便是代表，其不仅通过在微信中开展知识付费服务发展出了自己的App商城，在微信小程序中也建立了与App同名的知识服务商城，如图12-11所示。

值得注意的是，在前期，微信公众号的运营者需要做的就是吸粉，通过提供免费的干货技巧让平台获得足够多的粉丝，才能实行后期的收费制度，而且对于想要销售教学培训的运营者来说，定一个好的价格是非常重要的，原因如下：

(1) 不能太贵，价格太贵就不会有人买。

(2) 不能太低，太低很容易造成用户之间互相传播视频。

图 12-11　知识付费商城

12.8　出版图书——靠基础和实力盈利

当运营者运营的平台具备了一定的影响力、积攒了很高的人气之后，就可以做实体出版了，比如"手机摄影构图大全"平台就是这样一个凭借深厚的影响力实现实体出版的平台，如图 12-12 所示。

图 12-12　"手机摄影构图大全"公众号平台

在平台积攒了越来越多的人气之后，"手机摄影构图大全"公众号平台就开始通过整理内容，出版了摄影作品——《摄影构图从入门到精通》。图 12-13 所示为《摄影构图从入门到精通》作品。

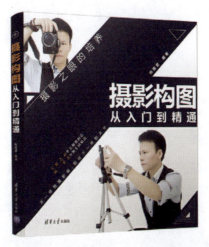

图 12-13 《摄影构图从入门到精通》作品

12.9 App 开发——拓宽公众号变现渠道

App 应用在智能手机上发展得越来越好,很多人愿意下载安装 App 拓展乐趣。运营者如果有自己独立的 App,就可以将接口放到微信公众平台上,这样,不仅让用户免去了下载安装 App 应用的时间和精力,还能为微信公众号及运营者的 App 带来更多的关注率。

比如,在"看理想"官方公众号菜单栏就有"看理想 App"下载入口,如图 12-14 所示。

图 12-14 "看理想 App"下载入口

"看理想"App 是一个将看、听、想整合在一起的 App，在这个平台上，可以品味梁文道独到的文学见解，观赏陈丹青的艺术绘画，聆听马世芳的音乐讲解。

通过微信公众平台将粉丝引到自己的 App 上之后，就能让消费者在 App 上进行消费，从而获得盈利。

12.10　代理运营——百万大号商业变现

代理运营也叫代理联盟接单，做代理运营的前提条件是运营者必须掌握大量的第一手自媒体资源，这样才能有利可图。在这方面做得最好的可能要属"WeMedia 自媒体联盟"，有关 WeMedia 的概况介绍如图 12-15 所示。

图 12-15　WeMedia 的概况介绍

像 WeMedia 这样的平台还有很多，有自媒体联盟，有公关公司，甚至还有个人也在做同样的事。具体的操作模式是让百万大号替品牌商家运营一段时间公众号，在规定的时间内，让平台的粉丝增长到一定的数量。

而盈利的模式是按照粉丝的数量进行分成。比如一个百万大号帮助一个品牌商家运营一个公众号，每增长一个粉丝，品牌商家给百万大号运营者 4 元钱，那么如果百万大号运营者替品牌商家的公众号吸引到了 10 万数量的粉丝，那么品牌商家就应该给予百万大号运营者 40 万元的分成。

所以说，品牌代运营商业变现模式是一种适合百万大号的商业变现模式。

现在的微信公众平台有很多粉丝过百万的独立账号，粉丝过千万的账号集群，这些账号的粉丝基本上是通过微信代运营这一模式，将以前在微博等其他平台上积累的用户转化过来的。

第13章
10种运营策略,彰显小程序价值

学前提示

在微信小程序上线之前,许多运营者的营销主战场是手机端的App。而小程序上线之后,越来越多的人和企业在看到它千亿级的市场潜力之后,开始召集团队开发出自己的小程序,这也直接推动了小程序运营推广时代的到来。本章主要介绍小程序的运营技巧。

要点展示

- 鼓励分享——借助他人力量传播
- 微信群分享——两种策略引爆小程序
- 强强联手——推广小程序和公众号
- 有效手段——增加小程序的曝光率
- 运营优化——利用大数据调整运营
- LBS服务——利用附近小程序功能
- 场景优化——提高实用性争取用户
- 自我定位——寻找适合小程序的业务
- 深入分析——预测关键词与热点
- 口碑效益——利用好评来换取排名

13.1 鼓励分享——借助他人力量传播

当看到"鼓励用户分享转发"这几个字样时,有的微信营销者可能会有疑惑,因为微信小程序中是不允许诱导分享的。确实微信"运营规范"中的"行为规范"版块明确指出不能诱导分享,如图 13-1 所示。

图 13-1 "行为规范"版块

但是,如果微信营销者仔细阅读"行为规范"版块的相关内容,之后就会发现,它只是要求营销者不要在小程序页面中引导用户分享,至于其他的地方,比如公众号、线下等,微信小程序既没有做出要求,也没有管理的权利,微信营销者可以放心鼓励用户分享小程序。

微信营销者可以把握好机会,通过一定的举措鼓励用户分享小程序。如可以在线下举行一次活动,将小程序的分享次数作为评判的标准,对分享次数较多的用户给予一些优惠。

这样的做法,会让部分用户为了获得福利,主动充当小程序宣传员,帮小程序广发"名片"。

当然,除了鼓励他人分享之外,微信营销者以及相关人员也可以充分发挥主观能动性,利用小程序的转发功能,将小程序分享给自己的好友。只是相比于自己埋头苦干,借助其他人的力量往往能让更多人认识到小程序,毕竟每个人都有好友,传播者越多,传播面相应地也就越广。

13.2 微信群分享——两种策略引爆小程序

除了好友分享之外,营销者还可以通过如下操作利用微信群进行分享。

首先,进入需要分享的小程序页面,点击左上方的三个点按钮。操作完成后,在弹出的对话框中点击"转发"按钮,如图 13-2 所示。

图 13-2 操作步骤(1)

接着,手机页面会自动转至"发送给朋友"界面,此时只需选择需要转发的微信群即可。操作完成后,如果小程序的链接信息作为聊天信息出现在目标微信群中,便说明转发成功了,如图 13-3 所示。

通常来说,利用微信群推广小程序可分为两种策略,具体如下。

1. 追求数量

所谓"追求数量",就是尽可能地将小程序转发至更多的微信群。这种策略相对来说更适合需要增加知名度的小程序,因为它可以最大限度地扩大宣传面,正好契合了该类小程序的需求。

但是,这种推广方法因对受众不加选择,所以大部分转发可能都收不到实际效果,而微信营销者为此花费的时间和精力成了一种浪费。

2. 以质取胜

与"追求数量"策略不同,"以质取胜"微信群推广策略,往往更注重对受众的选择,即挑选相对需要该小程序的人群进行有针对性的宣传推广。比如,有的营销者在社群中进行小程序分享,运用的就是这种策略。

虽然"以质取胜"微信群推广策略更具有针对性，但是，它的宣传面通常比较有限，因此，对于迫切需要提升名气的小程序来说，该策略并不是太合适。

图 13-3　操作步骤（2）

3. 两者互补

"以质取胜"和"追求数量"这两种微信群推广策略各有优势和不足，如果能做到两者兼顾自然是最好的。但是，在大多数情况下，营销者只能选择其中一种策略进行推广。

此时，微信营销者需要做的就是根据小程序的实际情况选择策略，如果小程序迫切需要提高知名度，就采取"追求数量"的策略。反之，如果更看重质量用户的获取，那么就选择"以质取胜"策略。

13.3　强强联手——推广小程序和公众号

对于微信小程序营销者来说，微信平台在宣传小程序的途径中，二维码更多的是提供线下入口，而分享功能则是将小程序推广至有一定联系的微信好友或微信群。那么，如何才能在线上将小程序推荐给更多陌生人呢？

此时，小程序营销者就需要用到公众号了。公众号对于小程序的宣传推广可谓是意义重大，这主要体现在关联功能上。公众号中可提供 4 个小程序入口，具体如下。

1. 菜单栏跳转

公众号菜单栏跳转小程序功能，相当于是增加了从公众号进入小程序的一条途径。微信营销者只需要进入微信公众号后台,在"自定义菜单"界面增加"小程序"选项,并在右侧的"跳转小程序"版块中,选择"小程序"即可,如图 13-4 所示。

图 13-4 "自定义菜单"界面

执行上述操作后,只需要点击页面下方的"保存并开发"按钮,便可生成一个类似于超链接的菜单选项,用户在公众号页面点击该选项,便可直接跳转至小程序界面。而这看似简单的操作,不仅加强了公众号与小程序的联系,更是增加了小程序的进入途径。

2. 图文消息设置

在 2017 年 3 月 27 日微信开放的 6 大新功能中,出现了一个高频词汇,那就是"公众号"。因此这个新开放的功能,也被外界视为微信打通小程序和公众号的重要尝试。和公众号菜单栏可跳转小程序相同,公众号图文消息可打开小程序,实际上也是进入小程序的途径。

在微信公众号图文消息中,可生成一个图片或文字链接。如果将图文消息保存并发布,那么公众号用户只需点击该图片或文字链接,便可跳转至设定的小程序页面。

这就意味着只要公众号向用户发送图文消息,微信营销者便可以有意识地加入跳转至小程序的链接,增加小程序的曝光度,从而在方便用户进入小程序的同时,通过公众号为小程序引流。

3. 发送关联通知

除了公众号菜单栏和图文消息之外,公众号还可以通过向粉丝发送关联小程序通知的方式，增加进入小程序的渠道。如图 13-5 所示，为某公众号向用户发送公众号关联小程序通知的截图。这看似只是一条通知，但是收到该通知的用户却可以通过点击消息，直接跳转至微信小程序的页面。

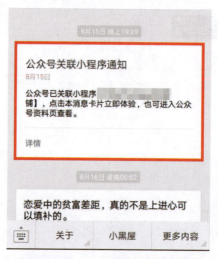

图 13-5 公众号关联小程序通知

另外，虽然每个公众号每天只有一个推送图文消息的名额，但是微信营销者大可不必担心发送关联小程序通知之后会影响正常的消息推送，因为该通知是不占用每天的推送名额的。

需要特别说明的是，公众号关联小程序通知只能发送一次，一旦用完也就没有了，因此，微信营销者要懂得善用这次宣传小程序的机会，让这条通知尽可能地发挥其应有的引流效果。

4. 介绍界面互相跳转

对于公众号关注的小程序，用户还可通过点击介绍界面的图标，实现公众号与小程序的互相跳转。

用户进入该公众号的默认界面之后，点击右上方的三个点按钮，即可进入该公众号的信息介绍界面。而在该界面中赫然列出了"相关小程序"一项，并出现了该公众号关联的小程序，如图 13-6 所示。如果用户点击该界面中的小程序图标或文字，便可以直接进入小程序。

同样的，用户在小程序中选择"关于"选项，用户同样可以点击公众号图标，直接进入小程序关联的公众号。

图 13-6　公众号跳转小程序

由此不难看出，通过信息介绍界面，营销者可以直接打通与公众号关联的小程序，从而形成一个流量的循环，促使公众号和小程序的流量一同增长。因此，无论是为了公众号，还是为了小程序，将小程序与公众号关联都是很有必要的。

13.4　有效手段——增加小程序的曝光率

小程序应用市场不仅具有一定的流量，更为小程序的推广提供了诸多便利。应用市场中不仅对小程序进行了测评和推荐，而且还可以通过二维码的放置为小程序提供流量入口。比如，某小程序商店界面便设置了"热门推荐小程序"和"最新发布小程序"等多个版块，如图 13-7 所示。

因为许多人都将应用市场作为获得更多小程序的重要途径，所以小程序应用市场成为了小程序重要的流量入口之一。

如果微信营销者的小程序能够进入这些版块中，并且排在前列，那么用户进入该应用市场便可以看到小程序，这样一来，小程序的曝光率无疑可以大大增加，而小程序的认知度也将获得提高。

另外，如果在"小程序商店"界面点击某个小程序，即可进入其信息介绍界面。在小程序的信息介绍界面中，不仅对该小程序进行了介绍，而且还专门对小程序的二维码进行了展示，用户只需扫码，便可直接进入小程序。

图13-7 "小程序商店"界面

13.5 运营优化——利用大数据调整运营

"小程序数据助手"是微信推出的一个小程序，用户只需在搜索栏中输入"小程序数据助手"，便可以获得如图13-8所示的结果。如果小程序已经发布，便可以直接进入该小程序，微信营销者可以在手机上实时查看小程序的相关数据。

当然，该小程序只适用于已发布小程序的营销者。若小程序还未发布或微信营销者未获得授权，那么便无法登录"小程序数据助手"，具体如图13-9所示。

图13-8 搜索结果　　　　图13-9 显示无法登录

而登录"小程序数据助手"小程序之后，微信营销者便可查看"数据概览"

"访问分析""实时统计"和"用户画像"这4大版块的数据。如图13-10所示分别为"小程序数据助手"中的"用户画像"和"数据概览"界面。

通过关注"小程序数据助手",微信营销者可以非常方便地实时查阅小程序的相关数据,并根据数据的变化对相关运营策略的效果进行评估,从而及时调整运营方向,将小程序的推广引向正确的方向。

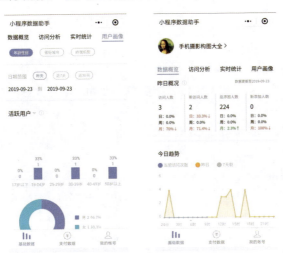

图13-10 "小程序数据助手"界面

13.6 LBS服务——利用附近小程序功能

大多数营销者在推广小程序时容易犯"灯下黑"的毛病。他们往往只想着如何用更多渠道推广小程序,却忽略了小程序自身也可作为一个推广平台。

在小程序这个平台中,微信营销者不仅可以通过增加评论栏目等方式与用户建立联系,还可以在"微信公众平台"|"小程序"中开通"附近的小程序"功能,增加与用户的接触面(2019年9月底,腾讯已关闭公众号"附近的小程序"功能开通入口,并表示该功能即将与门店小程序升级合并),如图13-11所示。

和微信"附近的人"相似,用户可以通过"附近的小程序"查看所在位置周围的小程序,具体操作如下。

登录微信并进入"小程序"界面,该界面中将显示部分小程序的图标以及附近小程序的数量,点击界面中的"附近的小程序"按钮。执行操作后,页面将跳转至"附近的小程序"界面,如图13-12所示。

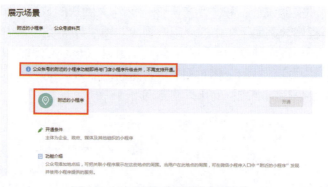

图 13-11　开通"附近的小程序"

图 13-12　"附近的小程序"界面

所以开通了"附近的小程序"功能，就相当于是在微信中直接为小程序打广告。只要用户查"附近的小程序"，小程序便会借助地利之便增加用户的认知度。

13.7　场景优化——提高实用性争取用户

对于小程序来说，实用性可以说是制胜法宝之一，那如何体现小程序的实用性？其中较为简单直接的方法就是提供特定的实用场景，创造机会让受众使用小程序。

这一点对于以功能取胜的小程序来说尤其重要，因为实用场景的创造不仅是增加小程序的使用率，更是对品牌的有效宣传。只要使用场景做好，便可以争取大量用户。"摩拜单车"小程序就是一个很好的例子。

为了让品牌得到宣传,"摩拜单车"先是以数量取胜,将大量单车放置在道路旁。这一举动实际上就是通过随处可见的租赁物——单车,方便用户的使用。

而用户只要打开"摩拜单车"小程序,就可以清晰地看到离自己最近的单车,减少不必要的找车时间。点击该界面下方的"扫码用车"按钮,进入如图 13-13 所示的手机界面,便可以通过扫码直接开锁。

正是因为"摩拜单车"小程序可以进行单车定位和扫码开锁,为用户带来了诸多便利,所以越来越多的用户开始使用该小程序。而在此过程中,该小程序的单车定位和扫码开锁功能,起到的实际作用就是提供特定使用场景。

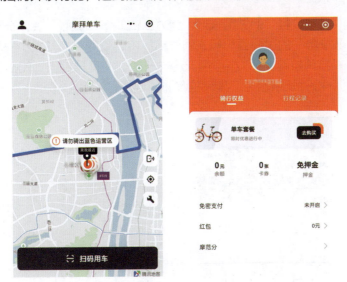

图 13-13 "摩拜单车"小程序

13.8 自我定位——寻找适合小程序的业务

企业型小程序的特点在于内容需要围绕企业的现有业务进行移动化改造,而内容又由选择的领域决定,因此,小程序运营者在设计一款小程序时,首先要做的就是根据业务选择合适的领域,运营主体擅长什么就提供什么服务。

所谓擅长什么就提供什么服务,实际上就是在自我定位的基础上,在适合自身情况的领域开展业务。对于这一点,小程序运营者可以从两方面进行考虑,具体如下。

1. 业务复制

许多运营者在开发小程序平台之前,可能已经在某些领域做出了一定的成绩。

对于这部分运营者，在开发小程序时，只需在设计中将这些老本行作为主要内容进行呈现即可。

这一方面，绝大部分小程序运营者都做得比较好。比如"爱奇艺""腾讯视频"等，在开发小程序之前便是国内排在前列的视频平台，而当其在小程序中以提供视频内容为主要业务时，很快便获得了大量用户。

2. 业务延伸

对于小程序运营者来说，有时候仅仅是在原有业务上进行复制可能还不够，对此，运营者可以在原有业务的基础上进行延伸，根据目标用户的需求和自身实际情况，拓展业务范围。

这一点"喜马拉雅"便做得很好。作为国内知名的音频平台，在开发小程序之前，"喜马拉雅"的主要盈利模式为对精品内容收费。而开发小程序之后，它顺势推出了"喜马拉雅 lite"小程序。这样一来，"喜马拉雅"的业务无疑得到了拓展。如图13-14所示为"喜马拉雅 lite"小程序的相关页面。

图13-14 "喜马拉雅 lite"小程序的相关页面

13.9 深入分析——预测关键词与热点

在影响小程序搜索排名的各种因素中，最直观的无疑就是关键词。但是用户在搜索时所用的关键词可能会呈现阶段性的变化。具体来说，许多关键词都会随着时间的变化而具有不稳定的升降趋势。

因此，运营者在选取关键词之前，需要先预测用户搜索的关键词，下面笔者从两个方面介绍如何预测关键词。

1. 参照热点预测关键词

社会热点新闻是人们关注的重点，当社会新闻出现后，会出现一大波新的关键词，搜索量高的关键词就叫热点关键词。

因此，微信小程序商户不仅要关注社会新闻，还要会预测热点，抢占最有利的时间预测出热点关键词，并将其用于微信小程序的名称中。

2. 根据季节预测关键词

即便搜索同一类物品的小程序，用户在不同时间阶段选取的关键词仍有可能存在一定的差异性。也就是说，用户在搜索关键词的选择上可能会呈现出一定的季节性。因此，运营者需要根据这种季节性，预测用户搜索时可能会选取的关键词。

季节性的关键词预测还是比较容易的，微信小程序商户可以从季节和节日名称上进行预测。

值得一提的是，关键词的季节性波动比较稳定，主要体现在季节和节日两个方面，如用户在搜索服装类小程序时，可能会直接搜索包含四季名称的关键词，即春装、夏装等；节日关键词会包含节日名称，即春节服装、圣诞装等。

13.10 口碑效益——利用好评来换取排名

可能部分小程序商户在看到本节标题之后，会认为争取用户好评与微信小程序的搜索排名并无直接关系，其实不然。从关键词的搜索排行上来看，用户点击量越高的小程序排位越靠前。而许多用户点击某一小程序，很可能是基于其他用户或者某些小程序应用商店的好评。

因此，用户好评实际上就是用户进入小程序之前重点参考的场景，它对微信小程序电商的搜索排名可以说是至关重要。那么，如何争取用户的好评呢？

笔者认为，可以通过一定的举措增加小程序内相关产品的好评率，这一点对购物类小程序尤其重要。对此，该类小程序的小程序商户可以通过提高产品质量和服务水平，以及赠送物品等方式，赢得用户的好评。

第 14 章
10 种引流方法，百万粉丝不是梦

学前提示

虽然小程序的宣传推广很重要，但必要的引流和用户留存技巧也是不可或缺的。

在现实中，小程序需要宣传推广以吸引用户，但同样也需要掌握用户留存技巧来留住用户，这样小程序获得快速发展才不再是空谈。

要点展示

- 基础引流——利用电商链接来引流
- 内容为王——以优质内容提高留存率
- 支付引流——深挖移动金融流量
- 电视引流——结合热门节目宣传
- 二维码引流——扫码送礼，"码"到成功
- 邮件引流——借由通讯打通入口
- 视频引流——信息直观效果确切
- 提高活跃度——建立签到奖励模型
- 朋友圈引流——朋友圈广告单击可进入
- 其他手段——利用外部入口获取流量

14.1　基础引流——利用电商链接来引流

因为微信小程序的搜索排名与用户的使用次数直接相关，而通过链接增加人流量又是增加用户使用次数的重要途径。所以，链接的引流效果也可对小程序的搜索排名场景产生影响。

链接大致可以分为两类，一类是实现小程序内页面跳转的内部链接，另一类是由其他平台跳转至小程序页面的外部链接。单从流量的获取效果来看，外部链接明显要好于内部链接。因此，这一小节笔者将重点对外部链接引流的相关内容进行解读。

搜索引擎判断页面与关键词的相关性，一般都是以页面上含有的元素来进行分析，如页面上多次出现"外卖"，或堆砌相关关键词，搜索引擎就会判断为该页面是与"外卖"相关的内容。

这导致许多商家在页面上堆砌搜索次数高的关键词，让搜索引擎误以为该页面与热门关键词有关，实际上该页面的主题内容与关键词没有相关性，页面得到流量后，再诱导用户点击广告，不管用户的体验如何。

这样相关性的排序算法曾经被滥用过，但是不可取。与这样的行为相比，搜索引擎更注重他人的说法，如很多摄影网站都说你的网站是摄影领域的专家，那么，搜索引擎就会极大可能认为你的网站确实是摄影方面的权威。

因此，微信小程序商户在导入其他网站链接时，若令其他网站吹捧自己的链接，那么，外部链接的优化就相当成功了。

随着搜索引擎优化的对象越来越多，微信小程序电商要获得外部链接变得越来越难，目前，比较有效并能快速获得链接的方法，应当是链接诱饵了。

而链接诱饵主要是从内容入手，需要精心设计和制作，创建有趣、实用的内容来吸引外部链接。下面笔者分别从诱饵制作和诱饵种类两方面进行介绍。

1. 诱饵制作

微信小程序电商的链接诱饵，最主要的还是内容要有创意，因此，暂时还没有统一的标准和适用于所有情况的模式。在制作小程序链接诱饵时，需要注意以下事项。

(1) 要坚持制作和积累链接，因为并不是每一个链接诱饵都能够成功。

(2) 若以内容为王，必定要在标题上花功夫，好的标题就是链接成功的一半。

(3) 链接诱饵的主要目的是吸引目标对象的注意，所以应该去掉诱饵页面中的所有广告性质的内容。

(4) 在链接诱饵的页面上可以提醒和鼓励目标对象进行分享。

(5) 链接诱饵在排版上，排版整洁的页面有利于目标对象的阅读，容易引起对象的分享；而设计上，在链接诱饵页面中加入图片、视频或列表，可以增加外部链接数量。

2. 诱饵种类

链接诱饵有很多种类，小程序运营者可以根据诱饵的种类来思考吸引链接的方法，以下为链接诱饵的常见类别。

(1) 新闻诱饵：每一篇新闻都会带来很多链接，新闻作为诱饵的特点是更新颖和很专业。

(2) 资源型诱饵：这是最简单有效的链接诱饵，可以是深入探讨的教程、文章，也可以是资源列表。

(3) 争议性话题：带有争议性的话题最能吸引关注和目标对象的眼球，特别是围观者的传播和评论。

(4) 利益吸引：提供链接者能得到利益也是形成诱饵的方法，投票、排名、比赛都是常见的利益吸引方法。

(5) 搞笑幽默：搞笑幽默的内容也可吸引到很多外部链接，可以从网站上传播最快的内容入手，如笑话、段子。

14.2　内容为王——以优质内容提高留存率

小程序的留存率与其为用户提供的内容有极大的关系，因此，如果运营者能够在小程序中提供其他小程序中难以提供，或者对用户具有较强吸引力的王牌内容，那么，小程序的留存率自然就会提高。

小程序的王牌内容可以从两个方面打造，一是内容具有独特性和不可替代性，如"K米点歌"作为一个可以连接KTV包厢并进行操控的小程序，其功能在小程序中具有唯一性，因此，它很容易获得大量的用户。

二是生产对用户吸引力较强的内容，比如在购物类小程序中，运营者可以通过限时低价版块的设置，让用户在得到一定福利的同时，舍不得离开小程序，从而提高小程序的留存率。

如图14-1与图14-2所示分别为"拼多多"小程序的"限时秒杀"界面和"京东购物"小程序的"京东秒杀"界面。

这两个小程序之所以能够成为用户排在前列的购物类小程序，除了品牌的影响力之外，秒杀活动可以说是起到了极大的推动作用。

因为秒杀活动为用户提供了大量远低于实体店价格的商品，所以，用户为了获得相对便宜的商品，会将这两款小程序一直保留，以便在闲暇时间快速获取秒杀活动的相关信息。

更有甚者，小部分用户可能会养成时不时查看秒杀活动的习惯。在这种情况下，用户逐步转化为小程序的粉丝，而小程序的留存率自然而然地得到了保证。

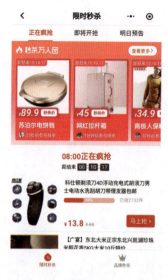

图14-1 "限时秒杀"界面

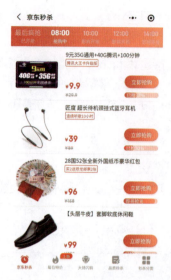

图14-2 "京东秒杀"界面

14.3 支付引流——深挖移动金融流量

2015年,红包大战打响,由微信、QQ、支付宝领头,抢占着移动支付市场,以前各大巨头是通过电商形式抢夺用户,培养用户的支付习惯,而红包规则诞生后,商家又看到了新的突破口,新一轮移动支付市场抢夺大战正式开启。

阿里和腾讯的战略制高点,就是将移动支付作为撬开百亿市场的切入点,可以说,在这两家巨头的带领下,移动支付将被应用到衣食住行等诸多领域中,从线上到线下,囊括人们生活的方方面面。

在未来,不论是线上还是线下,衣食住行还是更为个性化的个人需求,用户都能得到更多便利的服务。

我国移动支付从爆发性增长到现在,已经有六七年的时间,手机钱包取代现金钱包,不是一句空话,它已经成为一种现实。而随着移动支付市场的日益规范,这一领域将成为各商家的争霸战场。

那么,小程序运营者如何通过支付引流呢?笔者认为,可以从两方面进行考虑。首先,从线上来看,为了促进支付量的增长,影响到更多用户,运营者可以用赠送优惠券、限时秒杀等方式,让用户觉得钱花得值。如图14-3所示分别为"京东购物"小程序的"领优惠券"和"京东秒杀"界面。

其次,从线下来看,在现实生活中,移动支付不仅可以给小程序运营者的收款提供便利,如果融入实用场景,还可为用户提供更多个性化、定制化的服务。

例如，用户点餐时，需要用户填写个人信息、用户自助点餐和用户输入口味需求，而餐厅会将用户的消费能力、喜好、口味等数据留存在用户结账消费的档案库中，当用户再次消费时，小程序通过算法，将精准化的菜品推荐、定制化的套餐服务和针对性的制作工艺呈现在用户面前，给用户留下超值体验，形成口碑效应。

图 14-3　"领优惠券"界面与"京东秒杀"界面

14.4　电视引流——结合热门节目宣传

　　电视具有传播范围广、受众数量庞大等特点，所以，时下热门的电视剧经常会成为许多人热议的话题。

　　于是，结合热门电视节目宣传小程序，不仅能拉近与受众的心理距离，还能让小程序凭借话题的热度获得更多人的关注，快速提升小程序的知名度。

　　那么，小程序运营者怎样借助电视节目引流呢？

　　首先，小程序运营者需要选择一部相对热门的电视剧。对此，运营者既可以从微信朋友圈信息入手，也可以通过查看视频网站中电视剧的播放量进行判断。

　　比如，在爱奇艺根据电视剧的播放量设置了"风云榜"，如图 14-4 所示，运营者可以选择一部排在榜单前列的电视剧。执行操作后，即可进入相应界面，查看该电视剧的相关信息，如图 14-5 所示。

　　从图中可以看出，这部电视剧已更新至第 40 集，因此，小程序运营者可以通过将"我的莫格利男孩第 40 集"作为关键词融入标题中发布相应文章的方式，借由该电视剧获得更多受众的关注。

图 14-4 "风云榜"界面

图 14-5 查看电视剧的相关信息

14.5 二维码引流——扫码送礼,"码"到成功

与其他应用相比,小程序推广最大的优势就是可以将二维码直接作为一个入口。也就是说,用户甚至无需根据小程序名称搜索,只要用微信"扫一扫"识别便可以进入。而且随着小程序的升级,即便是一般的二维码,只要进行设置同样可以进入二维码。

而纵观人们的日常生活,微信"扫一扫"可以说是扮演着越来越重要的角色。从加微信好友,到微信支付,只要手机在身上,人们便可以通过扫码做很多事。微信"扫一扫"无疑给人们带来越来越多的便利,与此同时,人们也越来越习惯于通过扫码进行相关操作。

在这种情况下,二维码势必会成为用户进入小程序,特别是线下进入小程序的重要途径。因此，进行扫码线下推广对于运营者的意义将日益变得重大，那么，如何进行扫码线下推广呢？

二维码线下引流有以下两种方法：

(1) 传单扫码引流；

(2) 扫码优惠引流。

下面，分别对这两种二维码线下引流的方法进行简要的介绍。

运营者可以组织人员到人流量多的地方发传单，扫二维码送饮料之类的奖品，通过扫码送奖的方式，让受众了解并帮忙宣传小程序，如图 14-6 所示。

图 14-6　到人流量多的地方发传单

除此之外，运营者还可以在衣服后面印上小程序二维码，并通过扫二维码送优惠的方式，让目标用户主动扫码。在此过程中，为了增加宣传效果，运营者可以利用美女效应吸引眼球，如图 14-7 所示。

图 14-7　在衣服后面印上二维码

14.6 邮件引流——借由通讯打通入口

利用好邮箱这个通讯工具,可以帮助小程序运营者赢得更多的精准受众。引流的邮件主要包括3种类型,接下来,笔者就对这3种引流邮件进行简要介绍。

1. 欢迎邮件

欢迎邮件就是给所有新加入小程序的用户发送一封正式的欢迎邮件,除了正面反馈用户的加入行为外,还起到一个提醒用户加入能够获取价值的作用。这一点对购物类小程序来说尤其重要。运营者可以通过在欢迎邮件中恰当加入新加入用户的特惠或专属活动内容的方式,让用户增加对小程序的好感。

2. 库存邮件

库存邮件是指购物类小程序在售卖产品的过程中出现产品的库存不足,或者补货的产品到货时通知用户的邮件。

在准备购买一件中意产品却出现缺货情况时,用户会感到沮丧,但是如果运营者能够及时发出库存通知邮件和到货提醒邮件,就能很好地解决这个问题。库存邮件应该在什么情况下发呢?可以总结为以下三种情况。

(1) 商品即将售罄时,提前给用户发送抢购提醒邮件。

(2) 用户购买缺货时,发送道歉邮件,说明到货时间,推荐类似商品。

(3) 补货产品到货时,及时发送到货通知邮件,并提供补偿优惠活动。

值得一提的是,在邮件中加入直接链接到产品页面或产品下单页面的链接,可以促使用户产生立即购买的行为,提高成交量。

3. 关怀邮件

关怀邮件是指商家(运营者)在一些特别的日子,如用户的生日、店铺周年庆和各大节日,给用户送去关怀慰问的邮件。

小程序运营者给用户发邮件的初衷是联系和培养与用户之间的关系。但是要注意适度适量,把握好尺度,以免让用户产生反感的情绪。

14.7 视频引流——信息直观效果确切

视频相比文字图片而言,在表达上更为直观、丰满,而随着移动互联网技术的发展,手机流等因素的阻碍越来越少,视频成为时下最热门的领域,借助这股东风,爱奇艺、优酷、腾讯视频、搜狐视频等视频网站获得了飞速发展。

随着各种视频平台的兴起与发展,视频营销也随之兴起,并成为了广大企业进行网络营销常采用的一种方法。小程序运营者可以借助视频营销,近距离接触自己的目标群体，将这些目标群体开发为自己的客户。

视频背后庞大的观看群体，对网络营销而言就是潜在用户群，而如何将这些潜在用户转化为用户，才是视频营销的关键。

视频营销，是指企业以视频的形式，宣传推广各种产品和活动等内容，因此，不仅要求高水平的视频制作，还要有吸引人关注的亮点。常见的视频营销，包括以下几种形式：电视广告、网络视频、宣传预告片、微电影。

如今的视频营销主要往互联网方向发展，与传统电视广告，互联网视频营销的受众更加具有参与性，在感染力、表现形式、内容创新等方面更具优势。互联网视频营销的传播链，通过用户自发地观看、分享和传播，带动企业推广，产生"自来水式"的传播效果。

对于小程序运营者来说，最简单、有效的视频营销方式便是在视频网站上传与小程序相关的短视频。

例如，腾讯视频中某视频看似是站在受众的角度推荐实用性小程序，实际上却是为某小程序做推广，而事实证明，这样的做法比直接为小程序打广告要招人待见，如图 14-8 所示。

图 14-8 推广某小程序的视频画面

14.8 提高活跃度——建立签到奖励模型

签到奖励几乎是大部分互联网平台都具备的模块，尤其是建立了积分奖励机制的平台。

地理位置签到服务，简称"签到"，是指可以将地理位置信息同时"签到"到多个地理位置服务的应用，其基本特点如下。

(1) 主动记录：通过签到的形式记录用户网络位置。
(2) 荣誉激励：签到是一定与奖励机制相挂钩的。
(3) 同步分享：签到模式往往带有分享功能。
(4) 后续内容：签到可以作为其他内容开展的前期模式。

App 签到的模式极其简单，所以应用较为广泛，是目前使用比较频繁的一种与用户互动的营销模式。尤其是进入移动网络时代，位置成为连接每一次移动的节点，位置即生活。

虽然小程序中签到奖励并不算常见，但是，同为应用，小程序可借鉴 App 运营的经验，选择合适的切入点，建立签到奖励模型。总的来说，小程序签到奖励模型的切入点主要有 3 个，具体如下。

(1) 创新签到形式。
(2) 提供多样的活动。
(3) 设置签到排行榜。

下面，笔者就分别对上述 3 种建立签到模型的切入点进行简要的说明。

1. 创新签到形式

纵观各应用中的签到形式，大多数仍为传统的在登录应用之后进行签到。虽然这种签到形式能一定程度上让用户养成使用应用的习惯，但是，该形式仅针对线上，且大多数用户签到之后便直接退出登录，所以，这种签到形式对应用起到的作用其实是比较有限的。

对此，运营者可以适当对签到形式进行创新，如通过定位将 O2O 模式直接应用，让签到变成一种线上线下同时进行的活动。对此，运营者可以运用 LBS 定位技术，参照街旁的签到模式，让用户在地图上进行定位和编辑的基础上，进行更为细致的后续操作。

2. 提供多样的活动

利用签到模式提供服务和特价活动，是商家推出签到模式的一个原因。随着签到的盛行，形式多样的签到活动开始被人们所熟知，以下为部分常见创新型签到活动。

(1) 群体活动。案例：如果 20 个人一起签到，可以得到一定价值的徽章。
(2) 朋友活动。案例：4 个人同时签到，可以得到一个免费的点心。
(3) 新手活动。案例：第 5 次、第 10 次签到可以得到额外优惠券。
(4) 累计活动。案例：第 5 次、第 10 次签到可以得到额外优惠券。

3. 设置签到排行榜

2015 年 10 月，微信朋友圈里开始流行拼步数，许多用户为了步数排名更好看一点，使出浑身解数拼命地走路，每天能走到两三万步甚至更多，这就是利用用户的竞争心理来推动软件的发展。

其实，小程序运营者也可以效仿这种签到排行模式，将使用小程序的用户与其微信好友的签到进行排行，形成一种竞争关系，在增加用户活跃度的同时，让小程序更显趣味性。

14.9　朋友圈引流——朋友圈广告单击可进入

在小程序上线之初，微信对于小程序朋友圈营销的行为可以说是有一点抵触的，其中最为直接的一点就是小程序不能直接分享至朋友圈。而随着小程序的发展，小程序朋友圈广告也变得多样起来。

小程序朋友圈广告推广方式主要有两种，一种是将小程序二维码分享至微信朋友圈，让用户扫码进入。如图14-9所示为"胡莱三国手机版"小程序的朋友圈广告页面，用户只需点击进入后，便可以进入小程序首页页面。

图14-9　"胡莱三国手机版"小程序朋友圈广告

另一种是在微信朋友圈广告中提供一个进入小程序的链接，用户只需单击该链接便可直接进入小程序。虽然这种朋友圈广告推广效果通常比较好，但却需要支付一定费用。

以上两种微信朋友圈广告推广方式虽有所不同，但是，无论是哪种方式，都可以为用户进入小程序提供一个入口，为小程序的推广助力。至于要选择何种朋友圈广告推广方案，小程序运营者只需根据自身需求决定即可。

14.10 其他手段——利用外部入口获取流量

流量的多少可以说是直接关系到一个小程序的成败，而要让小程序获得充足的流量，小程序运营者就必须学会抢占流量入口。

那么，小程序运营者需要抢占哪些流量入口？如何抢占呢？本节以微信与百度百科为例，试作分析。

1. 微信

微信是腾讯公司推出的一款移动智能手机应用，是为用户提供文字、图片、语音等信息的免费传播平台，目前微信已经覆盖了中国 90% 以上的智能手机，庞大的用户群使它在互联网企业眼中就是一座富矿。

在微信大火的当下，微信营销成为了网络营销的热点，它突破传统营销的渠道限制，很多传统企业通过它成功转型，也有很多互联网企业借助它获得巨大成功。其实，微信营销对小程序推广同样适用。

微信平台可以说是小程序运营者必争的流量入口之一，这不仅是因为微信拥有众多用户，更是因为微信中提供了多种小程序推广渠道，如果运营者营销得当，便可轻松地获得一定的流量。

借助微信平台的力量，小程序运营者可以通过扫码推广、分享推广、公众号推广等方式获取流量。如图 14-10 所示为某公众号中关于"成分随手查"小程序的相关文章。

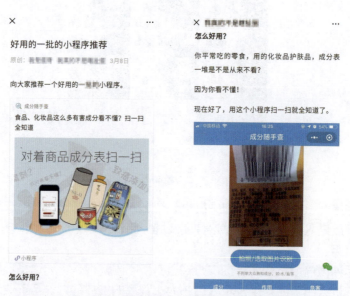

图 14-10　某公众号中关于"成分随手查"小程序的介绍

在这篇文章中，不仅多次出现了"成分随手查"小程序，更特意将该小程序的跳转链接嵌入文章中。借助于"微信公开课"公众号的庞大用户群体，"成分随手查"小程序此次扫码推广加公众号推广获得了巨大的成功，该小程序不仅知名度快速上升，更在短期内获得了大量的用户。

2. 百度百科

在互联网上，小程序运营者可以借助百度百科平台来做营销，将小程序的相关信息通过百科传递给用户，方便用户形成对小程序品牌和产品的认知，同时也有利于向潜在用户推广小程序。

百科词条是百科营销的主要载体，做好百科词条的编辑对网络营销至关重要。百科平台的词条信息有多种分类，但对于企业的网络营销方面而言，主要的词条形式包括 4 种。

(1) 行业百科：企业可以以行业领头人的姿态，参与到行业词条信息的编辑，为想要了解行业信息的用户提供相关行业知识。

(2) 企业百科：企业的品牌形象可以通过百科进行表述，例如奔驰、路虎等汽车品牌，在这方面就做得十分成功。

(3) 特色百科：涉及的领域十分广阔，例如地方政府可以参与地方百科的编辑，名人、企业家可以参与自己相关词条的编辑。

(4) 产品百科：是消费者了解产品信息的重要渠道，能够起到宣传产品，甚至是促进产品使用和产生消费行为等作用。

对于小程序百科营销而言，最为合适的词条形式无疑便是产品百科。如图 14-11 所示为百度百科中关于"小程序数据助手"小程序的相关内容，其采用的便是产品百科的形式。

图 14-11 "小程序数据助手"小程序的产品百科

第 15 章

10 条转化途径，年赚千万很简单

学前提示

微信一推出小程序，立刻火遍大江南北，许多微信运营者对小程序最直接的想法就是可以赚到钱。诚如此言，小程序是一个潜力巨大的市场，但是它同时也是一个竞争激烈的市场。所以，要想在小程序中变现，轻松赚到钱，掌握一定的转换途径还是必不可少的。

要点展示

- 广告变现——运营和广告两不耽误
- 直播宣传——将主播的粉丝变为消费者
- 付费内容——提供干货内容获取收益
- 个体电商——打造个体平台进行销售
- 有偿服务——薄利多销累积更多收益
- 联动活动——促成线上线下的联动
- 收取定金——出售卡片打通线上线下
- 融资变现——借融资增强变现能力
- 开设课程——有偿教学实现变现
- 标签变现——变 IP 标签为"钱力"

15.1 广告变现——运营和广告两不耽误

流量就是影响力，许多商家为了推广自己的品牌，会愿意花钱打广告。而一些小程序的流量相对来说又是比较庞大的，所以，这些小程序完全可以在运营过程中为他人和自己的平台打广告，以此在小程序中将流量变现。

以直播类小程序为例，其广告的方式主要有两种，一是在直播界面插入广告，二是做直播平台推广广告。接下来，笔者就对这两种直播广告分别进行解读。

1. 直播中插广告

直播中插广告包括直接对某些产品进行直播宣传和销售、在直播中插入一段广告，以及在直播界面的合适位置插入广告等。其中，比较能让用户接受的一种方式是在直播界面的合适位置插入广告。

我们经常可以在某些直播界面的某些位置（通常是界面的边缘）看到一些广告，如图15-1所示。可以看到，在该直播界面的左侧便放置了一个淘宝网址。

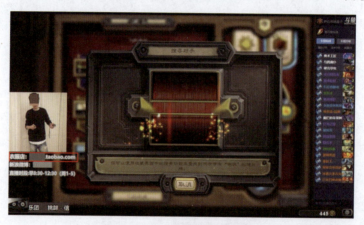

图15-1　某直播的相关界面

相比于其他广告方式，在直播界面的边缘插入广告的优势就在于，主播不用再在直播过程中刻意进行过多的宣传，只要直播还在进行，广告便会一直存在。而且因为不显得那么刻意，通常不会让受众厌恶。

2. 直播平台推广

直播平台是主播聚集之地，热门直播平台的流量可以说是非常巨大的。也正是因为如此，部分广告主会选择直接在直播平台中投入广告。通常来说，直播平台推广广告会出现在用户观看直播的"必经之路"上。

比如，在直播平台导航栏上方的活动推广页对广告主的相关信息进行推广；又比如在直播间页面下方插入广告，为广告主提供一个链接。如图15-2为部分直播平台的推广广告。

图15-2　部分直播平台的推广广告

因为广告有引导行为之嫌，所以，部分受众对广告是比较厌恶的。因此，在直播的过程中，小程序运营者可以适当地在小程序中通过广告变现，但是，一定要节制，不要让广告影响了受众的心情。

15.2　直播宣传——将主播的粉丝变为消费者

通过直播，主播可以获得一定的流量。如果微信营销者能够借用这些流量来进行产品销售，便可以直接将主播的粉丝变成店铺的潜在消费者。而且相比于传统的图文营销，直播导购可以让用户更直观地把握产品，因此用这种方式取得的营销效果往往也更好一些。

直播用得比较好的电商平台当属"蘑菇街女装精选"，该小程序直接设置了一个"直播"版块，如图15-3所示为相关界面。平台的商家可以通过直播导购来销售产品，图15-4所示为某产品的直播界面。

而且在直播界面购买产品也非常方便，因为在直播的左侧列出了相关的产品，用户只需点击对应产品，便可以选择产品的颜色和数量，点击"立即购买"按钮，还可以进入"快捷下单"界面，快速完成购物。

在通过电商导购进行小程序变现的过程中，微信营销者需要特别注意两点。其一，主播一定要懂得带动气氛，吸引用户驻足。这不仅可以刺激用户购买产品，还能通过庞大的在线观看数量，让更多用户主动进入直播间。

图 15-3 "直播"版块

图 15-4 某产品的直播界面

其二,要在直播中为用户提供便利的购买渠道。因为有时候用户购买产品只是一瞬间的想法,如果购买方式太麻烦,用户可能会放弃购买。而且在直播中提供购买渠道,也有利于主播为用户及时答疑,增加产品的成交率。

15.3 付费内容——提供干货内容获取收益

我们经常可以在售卖某些食品的店铺中看到所谓的"免费试吃",商家让你试一下产品的味道。如果你觉得好吃,还想再吃,就要花钱买。其实,内容类小程序也可以运用这种变现模式,用干货打造付费内容。

比如,小程序运营者可以将一小部分干货内容呈现出来,让用户免费查看,先勾起用户的兴趣。等用户看得津津有味时,顺势推出付费查看全部内容。这样,用户为了看完感兴趣的内容,就只能选择付费了。

付费看内容的变现模式常见于一些原创文章中,用户在单击查看某些文章时,可以限时查看文章开头的一小部分内容,如果用户要继续阅读,则需要付费。如图 15-5 所示为"微信读书"小程序中某文章的相关页面,很显然其采用的便是这种变现模式。

而在视频类小程序中,则更多地会将会员制和付费查看全部内容相结合。比如,在"腾讯视频"小程序中,对于某些电视剧,用户可以看前面一些剧集,但是,要查看最近更新的内容,则需要开通会员,具体如图 15-6 所示。

图15-5 "微信读书"小程序相关页面　　图15-6 "腾讯视频"小程序相关页面

付费看完整内容的魔力就在于，运营者通过免费提供的内容已经吊起了用户的胃口。而对于一些无法按捺住自己的用户来说，只要是自己感兴趣的内容，就一定要看完，或者是看到最新的内容。因此，这种变现模式往往能通过前期预热，取得不错的营销效果。

可以说，付费看完整内容变现模式的优势和劣势都是非常明显的。它的优势在于，能够让用户尝到"味道"之后，对自己喜欢的内容欲罢不能，从而成功地让用户主动为内容付费。

当然，这种模式的劣势也是非常明显的。这主要表现在，用户可以获得一部分内容，这样一来，整个内容的神秘感会有所下降。而且如果免费提供的内容不能勾起用户的兴趣，用户必然不会买账。

所以，小程序运营者在运用付费看完整内容的变现模式时，一定要对提供的内容，特别是免费呈现的内容进行细心的选择和编辑，确保它对用户是有吸引力的。否则，内容的变现率很可能不会太高。

15.4 个体电商——打造个体平台进行销售

小程序可以说是开辟了一个新的销售市场，微信营销者只需要开发一个小程序电商平台，便可在上面售卖自己的产品。而且每个小程序都是单独的、由运营者自己开发和设计的，所以，这就好比是小程序给出一块场地，微信营销者只需在上面搭台唱戏即可,唱得好还是唱得坏,都取决于微信营销者自身。

小程序对于商家的一大意义在于,商家可以通过开发小程序独立运营自己的电商平台,而不必依靠淘宝、京东这种大型电商平台。这便给了微信营销者一个很好地探索个体电商实现新零售模式的机会。

具体来说,无论是有一定名气的品牌,还是一般的微信营销,都可以在小程序中搭台唱戏,一展拳脚。如图15-7与图15-8所示,分别为某鸭脖总店小程序和某零食铺小程序首页界面。

图15-7 某鸭脖总店小程序首页

图15-8 某零食铺小程序首页界面

从上面两图不难看出,只要是店铺,便可以通过打造电商平台销售产品来实现小程序的变现。当然,要想让用户在小程序中购物,首先得让用户觉得小程序有其他平台没有的优势。

对此,微信营销者既可以学习某鸭脖总店小程序的做法,设置专门的"点餐""排队取号"版块,打通线上线下。也可以效仿某零食铺小程序的做法,进行一些促销或招代理活动。至于具体如何做,微信营销者根据自身情况进行选择即可。

微信营销者,特别是品牌名气不太大的营销者单独开发一个小程序,很可能会遇到一个问题,那就是进入小程序的用户数量比较少。对此,微信营销者需要明白一点,用户在购物时也是"认生"的,微信营销者在运营小程序的初期,用户或许会有所怀疑,不敢轻易下单。

但是，是金子总会发光，只要坚持下来，在实践过程中，将相关服务一步步进行完善，为用户提供更好的产品和服务，小程序终究会像滚雪球一样，吸引越来越多的用户，而小程序的变现能力也将变得越来越强。

15.5 有偿服务——薄利多销累积更多收益

虽然微信营销者也能开发自己的小程序，但是这需要先要在短期内积累起大量用户，然后宣传产品，最后通过销售获利。当然，许多店铺商家可以选择有偿服务，这样变现更直截了当。

总之，小程序变现的方法不胜枚举，在这些多种多样的方法里，微信营销者既可以直接在平台中售卖产品，也可以通过广告位赚钱，还可以通过向用户提供有偿服务的方式，把服务和变现两者直接联系起来。

向用户提供有偿服务的小程序并不是很多，但也不是没有，比如，"包你拼"小程序便是其中之一。用户进入"包你拼"小程序，在该页面中输入赏金和数量的具体数额之后，页面中便会出现"需支付……服务费"的字样。如图15-9所示为赏金数额为1元时拼字与拼图的相关页面。

 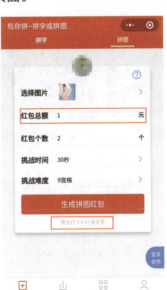

图15-9 "包你拼"相关页面

而在支付金额之后，便可生成一个红包，用户单击该页面中的"转发到好友或群聊"按钮，便可将红包发送给微信好友或微信群。

虽然该小程序需要收取一定的服务费用，但是因为费用相对较低，再加上其具有一定的趣味性，所以许多微信用户在发红包时还是会将该小程序作为一种备选工具。尽管该小程序收费比例比较低，不过随着使用人数的增加，该小程序积少成多，借助服务，也获得了一定的收入。

在为用户提供有偿服务时，小程序营销者应该抱以"薄利多销"的想法，用服务次数取胜，而不能想着一次就要赚一大笔，否则目标用户可能会因为服务费用过高而被吓跑。

15.6 联动活动——促成线上线下的联动

运营者开发小程序的目的不尽相同，有的是进行电商创业，有的是增加一个销售渠道，还有的是借助平台打通线上线下。

一般来说，打通线上线下的方式多种多样，而线上预约到店取货便是其中较为常见的一种方式。线上预约到店取货就是在线上购买产品，用户自行到线下店铺领取，某手机点单小程序就是其中的代表。

首先，用户点击某手机点单小程序，便可进入如图15-10所示的"首页"界面，用户点击该界面中的"自助点餐"按钮，进入内容丰富的点餐界面。

图15-10 首页界面

执行操作后，便可在点餐界面选择需要购买的产品；点击"购物车"按钮，用户进入"提交订单"界面；用户只需点击"去支付"按钮，便可在支付之后，完成线上点餐。而点餐完成之后，用户便可在指定时间内直接去店铺领取购买的产品。

小程序提供的实际上就是一个平台，小程序运营者既可将其作为销售渠道，也可以将其作为线上线下的连接点。

至于究竟要怎么用，小程序运营者只需要根据自身实际情况进行选择即可。

15.7 收取定金——出售卡片打通线上线下

部分小程序营销者，特别是在线下有实体店的营销者，在小程序的变现过程中探索出一种新的模式，那就是以礼品卡为外衣，在线上出售卡片，让用户先交钱再消费，而自己则收取定金，先把钱赚了。

部分在线下有实体店的小程序运营主体，会通过线上买卡线下使用的方式，打通线上线下，"星巴克用星说"小程序便是其中的代表。

首先，用户单击"星巴克用星说"小程序，便可进入如图15-11所示的默认页面。在该页面中，用户可以选择对应的主题，以"咖啡＋祝福"的方式，向他人表达自己的心意。

如果用户选择的是"DIY传递心意"主题，便可进入"DIY传递心意"页面，在该页面中用户可以选择卡面和礼品（礼品卡就是其中的一种礼品形式），点击"下一步"按钮，如图15-12所示。

图15-11 "星巴克用星说"小程序页面

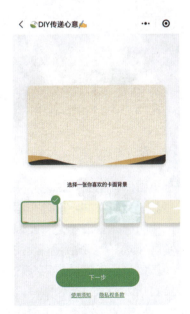

图15-12 "DIY传递心意"界面

点击"下一步"按钮后,进入如图 15-13 所示的卡片生成页面。编辑祝福语,单击"生成"按钮,完成卡片生成。完成操作后,便可进入购买页面,如图 15-14 所示,选择自己要送出的"星礼卡"或咖啡,单击"购买"按钮,完成购买。

中国是礼仪之邦,我们信奉的是"礼轻情意重",而"星巴克用星说"小程序中的礼品卡则正好适应了国人的送礼需求。再者,礼品卡可以用于线下结算,具有一定的可流动性。因此,部分用户,特别是年轻用户会选择通过赠送礼品卡的方式向他人表达自己的心意。

图 15-13 卡片生成界面

图 15-14 "礼品卡"页面

15.8 融资变现——借融资增强变现能力

对于小程序营销者来说,个人力量是有限的,小程序平台的发展有时候还得进行融资。融资虽然并不能让小程序平台直接赚到钱,但却能大幅增强电商平台的实力,从而提高变现能力,实现曲线变现。

在金融市场中,资金通常是往投资者认为最有利可图的地方流动的。因为 2017 年以来,小程序的发展势头较为强劲,所以许多投资者比较看好这一块蛋糕,纷纷将资金投入小程序行业。图 15-15 所示为 2018 年小程序电商投融资情况代表案例,从中便不难看出小程序对于投资者的吸引力。

小程序营销者可以通过对这些融资案例的分析和总结,找到适合自身小程序的融资方案,为小程序平台找到强劲的"外援",从而让自己的小程序平台获得更大的发展推力。

虽然融资可以增强小程序平台的变现能力，但小程序营销者还得明白一点，投资方不会想做赔本买卖，小程序平台要想获得投资，就要让投资方看到自己小程序的价值。

另外，融资毕竟只是增强变现能力的一种催化剂，小程序平台的变现能力终究还是由运营能力决定的。小程序营销者应该重点提高运营能力，而不能只是一味地坐等他人投资。

2018年小程序电商投融资代表案例

领域	小程序名称	最近融资时间	融资金额	投资机构
强势典型电商	拼多多	2018.4.11	$30亿	腾讯、红杉
新型电商	靠谱小程序	2018.4.18	¥数千万	青桐资本（财务顾问）
	礼物说	2018.4.19	¥1亿	未透露
第三方服务商	SEE小电铺	2018.3.21	$数千万	红杉资本中国（领投）晨兴资本等
	LOOK	2018.3.20	$2200万	GGV纪源资本（领投）峰尚资本（领投）等
	微盟	2018.4.20	¥10.09亿	天堂硅谷（领投）一村资本（领投）等
	V小客	2018.03.12	¥4000万	IDG资本

图 15-15　2018 年小程序电商投融资代表案例

15.9　开设课程——有偿教学实现变现

我们经常听到一些经济欠发达地区的父母说这样一句话：就算砸锅卖铁也要供孩子念完书。虽然我们不希望听到这样的话语，但是，这些父母的态度也说明了知识对于人的重要性。

也正是因为知识对于人的重要性，这些父母才会愿意砸锅卖铁支付学费。这也从侧面说明了，只要是对人有用的知识，那么它的传授者就有权利为其付出获得应有的报酬。

其实，在小程序中也是如此。如果小程序运营者是向用户讲授一些课程，便有获得对应报酬的权利。因此，通过开课，收取一定的学费，也是小程序，特别是内容类小程序的一种常见变现模式。

"精品前端课"可以说是通过授课收费模式进行变现的代表性小程序了。用户进入该小程序之后，可以看到如图 15-16 所示的"首页"页面。在该页面中为用户提供了一些课程，但上面都标了价格。

而单击其中的某一课程之后，便可进入如图 15-17 所示的课程相关介绍页面。在该页面，用户不仅可以看到课程的相关介绍，还可以购买课程自己用，或者将课程赠送给他人。

图 15-16　"精品前端课"小程序页面

图 15-17　"精品前端课"课程的介绍页面

小程序运营者要想通过授课收费的方式进行小程序变现，需要特别把握好两点。一是小程序平台必须是有一定人气的，否则即便你生产了大量内容，可能也难以获得应有的报酬。二是，课程的价格要尽可能低一点。这主要是因为大多数人愿意为课程支付的费用都是有限的，如果课程的价格过高，很可能会直接吓跑用户。这样一来，购买课程的人数比较少，能够获得的收益也就比较有限了。

15.10　标签变现——变 IP 标签为"钱力"

IP 是 Intellectual Property 的简称，我们通常会将其翻译为"知识产权"。"知识产权"包括专利权、商标、著作权和版权等。对于许多人来说，IP 更像是一种标签，一些有特点的 IP 往往可以让人印象深刻，从而让运营者借助其影响力获得一定的"钱力"。

比如，漫威漫画公司打造的许多超级英雄便属于标签化的 IP，也正是因为如此，当该公司推出汇聚了众多超级英雄的电影——《复仇者联盟》之后，快速在全球各地创造出票房奇迹，其"钱力"不可谓不大。

在小程序中，运营者可以通过两种方式借助标签化的 IP，增强小程序平台的变现能力，具体如下。

1. 平台的 IP 标签化

所谓平台的 IP 标签化，就是指打造具有代表性的小程序平台，让用户将平台作为购买某些物品的首选平台。小程序运营者可以借助 IP 积累大量人气，其后即便在小程序中提供的只是一些虚拟的产品——课程、付费产品，也能让许多用户乐于掏钱购买。

2. 内容的 IP 标签化

内容的 IP 标签化，简单理解就是选取具有影响力的内容，打造专栏，将内容的粉丝转化为小程序平台的粉丝。

这一点，内容类小程序平台通常都做得比较好。比如，在"喜马拉雅 lite"中，便推出了许多德云社相声的专栏节目，打造了《可爱的中国》等广播剧内容。如图 15-18 所示为"喜马拉雅 lite"中《老郭于谦相声 23 年经典》《可爱的中国》相关界面。

图 15-18 《老郭于谦相声 23 年经典》《可爱的中国》相关界面

标签化的 IP，对于小程序平台来说，就相当于一块活字招牌。因为其所具有的代表性，往往更容易受到 IP 粉丝的欢迎，增强核心用户的获得力，而这样一来，小程序平台的变现能力自然而然地也就得到了提高。

第 16 章
10 种营销技巧，不断提高成交率

学前提示

据某平台 2019 年统计，微商市场交易规模达上万亿，由此可见微商的火热程度。朋友圈是微商的营销阵地，微商们需要掌握一定的营销技巧，达到事半功倍的营销利润。本章主要介绍微商的 10 种营销策略，旨在提高微商的成交率。

要点展示

- 产品定位——迅速确定消费目标
- 推送技巧——让推文效果更显著
- 塑造价值——互惠互利提高成交量
- 广告优化——广告多样化呈现
- 明星效应——最能带动粉丝消费
- 制造情景——主动营造热销氛围
- 巧妙晒单——激发客户购买欲望
- 会员制度——获得一批忠实用户
- 寻找分销商——拓展销售空间
- 社群营销——值得探索的营销模式

16.1 产品定位——迅速确定消费目标

在网上购物的用户大多会利用自己的第一印象来确定消费目标，购买欲望的产生，往往是在看到产品的第一眼。因此，好的产品描述能够以简单的文字和图片，道出产品的特色，令广大群众产生购买的欲望。

所以，三言两语能够将产品描绘得真实又实用，是每个做朋友圈营销的商户应该掌握的技能。撰写产品特色描述其实是很简单的，只要做到两点，那么产品特色描述问题将会得以解决，下面对这两点进行详细介绍。

1. 描述产品属性

微信营销者在销售产品时，可以展示产品的型号、价格等基本信息，同时还要展示产品的品牌、包装、重量、规格、产地等属性。一般企业对这些属性的描述越详细，买家就越容易购买，如图16-1所示。

图16-1　描述详细的产品信息

2. 突出产品特色

以产品特色进行营销的方式，与其他营销方式的区别在于：突出产品特色的营销方式并不注重消费者对产品的概念以及内涵、文化等方面的诉求，而是以非常直截了当的方式将自家产品最独特的卖点作为推广目标，让广大消费者能够注意并且记住产品。如图16-2所示的护肤霜品牌，就对"孕期可用"这一特色进行推广。

图 16-2 以产品特色为卖点的产品

16.2 推送技巧——让推文效果更显著

微信营销者在朋友圈进行软文营销推广时，除了得注意发布的内容以及针对的用户群以外，选择一个合适的发布时间，也是非常重要的。一般来说，最好的选择就是在每天早上的 8 点半到 9 点半这段时间来进行软文发布。因为这个时间段，无论是阅读率还是转载率，一般来说都是最高的。

其实我们在阅读微信公众号的时候也会发现，比较正规的企业运营号，发布时间都是后台设定好了的，几乎都在早上、晚上的黄金时段或是凌晨十二点发。

不同的软文营销项目和不同的产品选择的软文发布渠道可能不尽相同，商家要视情况而定，可根据自身产品的情况结合软文特点整合几种形式。并且，软文的发布时间并非一成不变的，可以根据平台的特点、特定的环境以及热点事件来发布。接下来就来介绍微信朋友圈内容推送时间的技巧。

第一，依作息而定。对不同的营销对象，微信营销者要采取不同的推送时间，由于微信里很多好友都是自己熟悉的朋友，对于朋友们的作息时间，一般都能掐准，所以，很容易做到因人而异。

第二，数据分析。这一步骤是企业针对不熟悉的好友要做的，这是为了把握好友活动的时间，利用合适的时间进行微信内容推送，效果往往会事半功倍。

第三，按时发布。对于一个想要塑造品牌形象的微信营销者而言，在保证微信内容质量的同时，最好形成按时发布的习惯，这样能让用户避开那些骚扰信息，定时地去翻看企业的微信。

第四，杜绝刷屏。要在固定的时间进行软文的推送，不要出现刷屏现象，这样只会伤到朋友情谊。

第五，了解社会动态。微信营销者必须随时注意社会动态，当遇上重大时事政治、社会新闻时，可以根据具体情况改变推送微信的时间。

16.3 塑造价值——互惠互利提高成交量

中国有一句古话叫做"舍不得孩子套不着狼"，意思就是在处理问题的过程中只有付出一定成本才能获得更大的收获。朋友圈营销也是如此，商户们若想赢得客户们的信任，就必须做出让利行为。本章将介绍 5 种价值营销技巧，帮助商家们更好地提高商品成交率。

1. 折扣促销刺激需求

折扣促销又称打折促销，是在特定的时期或是举行活动时，对商品的价格进行让利，得到用户的关注，达到促销的效果，赚取更多利益。折扣促销是有利有弊的，它的作用机制以及效应具有两面性。

折扣促销的优势体现在，通过打折促销创造出的"薄利多销"机制，可以刺激消费者的消费欲望，从而提高商品的竞争力。当然，如果折扣促销使用不当，可能会降低品牌形象，降低商家的获利能力，造成未来市场需求的提前饱和，走上一条不可持续发展之路。

折扣促销是微信朋友圈里比较普遍的销售模式，在一定的时间段内，对商品进行打折处理，最好使用限时、限量打折，能够快速引起好友的好奇心和注意，这样效果往往会更好。

2. 塑造价值放大回报

在营销过程中，商户们必须意识到，我们所销售的，看似是商品这个实体，实则售卖的是产品本身所存在的价值。所以，在向顾客推销某些商品的时候，商户们应该仔细去询问用户本身的情况，选择一个正确的切入点来推销自己的商品。

那么我们应该从哪些方面抓住顾客的心理活动，为商品塑造价值呢？大家可以从如下 3 个方面进行把握。

（1）效率高低。

在如今这种讲究效率的社会，能够快速见效的东西往往会更加受到用户的欢迎。时间就是金钱，所有人都希望可以在最短的时间内收到最大化的回报。

比如说培训机构，要是打出类似"一个月掌握新概念英语""20 节课雅思上 6.5 分"之类的广告，肯定会更受家长们的青睐。又比如减肥产品，越快瘦下来的产品肯定越受用户瞩目。

所以如果想要让顾客购买商品，一定要将商品的高效率功能体现出来，为商品塑造效率上的价值。

(2) 难易程度。

这一点很好理解，越容易上手的产品自然更受欢迎，特别是高科技产品。由于它自身的高端性导致这些商品操作方式比较复杂。

(3) 安全性能。

安全对于商品、特别是电子商品来说，是一个非常基本的评价标准。换句话来说，这就要求商家所售卖的商品不能对购买者造成任何一丁点的伤害。

相反的，如果商家可以保证产品对人体本身不会造成任何伤害，那么商品的成交率就会大大提高。

3. 赠送礼品增加附加值

赠品促销是最古老，也是最有效、最广泛的促销手段之一。人们往往抵挡不住赠品的诱惑而产生消费行为。

商户们应该从生活中去感受营销，相信大部分人都很乐意接受各种各样的礼物。这样一来可以感受到赠送礼物的人对自己的感情，二来免费得到东西认为自己赚了，充满惊喜感的得到总是让人欲罢不能。

4. 限时限量增加紧迫感

限时抢购又称闪购，源于法国网站 Vente Privée，最早的闪购模式是以互联网作为依托的电子商务的模式。一般来说，开放"限时优惠"活动的时间点，都是在市场相对比较疲软的时候。这段时间可能由于市场货品饱和，所以导致销售额并不那么乐观。为了刺激消费，商家可以开启"限时优惠"的活动。

无论如何，"价格"都是客户们在购买商品时考虑的最基本因素。所以任何时候，"低价"对用户们都有着致命的吸引力。

在进行"限时优惠"的过程中，必须将优惠原因告诉客户，如是为了感谢新老客户的支持，抑或是针对某个节日等原因来开展活动，又或者是别的原因呢？毕竟限时优惠的优惠力度还是非常大的，如果只是一味地降价，可能会引起购买者对商品本身的怀疑。所以事前告知原因同样可以拉动销售量。

5. 节日促销提高获得感

节日促销是指在节日期间，通过传统节日的良好氛围来制造商机，普遍引起用户关注，在短时间内获得很好的传播效果，从而达到促销的目的。

会员是需要时间积累的，会员越多生意就越兴旺。节日促销就是一个很好的计划，可以圈粉积累会员。随着生意的不断壮大，可以针对会员进行节日营销，让会员享受到更好的优质服务。

节日促销能够带来很多的流量，利用这个机会将普通好友转化为会员是非常好的，这样在淡季的时候，也会有会员带来销售额。

16.4 广告优化——广告多样化呈现

微信用户在刷朋友圈时，经常会看到本该是好友状态的栏目变成了广告商位。一般来说，不存在本地推广广告、原生推广页广告单独存在的情况。它们更多的是为了配合小视频广告和图文广告所存在的一种附加形式。

而现在来说，小视频广告和图文广告若不配合本地推广广告或者原生推广页广告一起使用，广告的效果都会大打折扣。

所以商户们在购买朋友圈广告为自己的品牌或产品进行推销时，一定要注意自己所选择的广告形式，力求能够获得最大效益。

具有商业头脑的商户们应该明白，这些镶嵌在朋友圈中避无可避的广告，商业价值是巨大的。每天全国或是部分区域有多少人使用网络，几乎就会有多少人看见这些广告。一般来说，这种广告分为四种类型，具体如下。

1. 本地推广广告

这种广告模式借助了 LBS 技术，通俗来说也就是定位系统。系统可以根据店铺位置，将广告推送给距离定位地点 3～5 公里的人群。

一般来说，这种广告方式最常用于有促销活动的时候，他们利用价格优惠与地理位置优势，来吸引周边用户前来消费。本地推广广告模式如图 16-3 所示。

图 16-3　本地推广广告模式

不过这种推送方式不太适用于微信朋友圈内营销，除非商家售卖的商品是食品类，对保鲜有一定的质量要求。

2. 原生推广页广告

原生推广页广告，客户只需单击朋友圈中的广告，便可以进入对应的网页。图 16-4 所示就是原生推广页广告。

图 16-4　原生推广页广告

一般来说，这种原生推广页广告都是和其他几种广告结合出现的，因为它针对的只是广告携带的链接，却并没有规定广告的形式是怎样的。

3. 小视频广告

这种广告形式一般而言是见得最多的，顾名思义，小视频广告就是携带着视频简介的广告，而视频的好处就是可以将广告生动灵活地展现出来，如图 16-5 所示。

图 16-5　小视频广告

4. 图文广告

图文广告的形式十分简单，和平时发朋友圈一样，图片配文字，当然，下面也可以带上链接。这种形式虽然相对比较普通，可它的包容性也最强，内容可以多种多样，如图 16-6 所示。

图 16-6　图文广告型的朋友圈广告

16.5　明星效应——最能带动粉丝消费

现在的中国已经进入粉丝经济时代，粉丝文化已经发展得十分完整。由此，有些聪明的微商老板会邀请一些知名艺人、明星代言微商产品和品牌，这种做法能够帮助他们收获很丰厚的利润。明星效应已经对我们的生活产生重大影响，电视里明显代言的广告对我们会产生潜移默化的作用，如提高企业的美誉、提升产品的销量以及提高品牌知名度等。

下面为大家简单介绍明星效应的 3 个作用。

（1）一个水平很高的明星，往往能够带动整个品牌的格调，而在这个文化水平越来越高的社会，购买者对"格调"这个词是非常看重的。

（2）除了普通群众以外，该明星的粉丝绝对会买产品的账。他们不仅会自己购买产品，还会拉动身边的人一起来购买产品。一传十、十传百，慢慢地，来购买产品的粉丝和顾客就会越来越多。

（3）明星身上的光环也能够影响到微商的品牌，顶着"某某产品"代言人的头衔能够帮助此品牌提高知名度。

所以，微商们如果在资金比较雄厚的情况下，可以通过明星效应的方式带动消费人群，特别容易引起粉丝们的强烈关注。

16.6 制造情景——主动营造热销氛围

热销氛围可以让消费者产生从众心理，形成羊群效应。羊是群居动物，它们平时习惯随大流，并且是盲目地跟随大流。只要羊群中有任何一只羊开始往前冲，牵一发而动全身，这时所有的羊都会和它一起往同一个方向冲，浑然不顾它们所朝向的方向有没有危险或是有没有食物。当"羊群效应"用于心理学中来描述人类本能反应时，其实也就是我们平时所说的"从众心理"。

人们常常随大流而动，哪怕跟自己意见可能全然相反，也会选择否定自己的意见跟随大众的方向，甚至是放弃主观思考的能力。

比如，我们出去吃饭的时候，如果要临时寻找饭店，一般人肯定会选择一家店里人比较多的餐馆，"生意惨淡"在我们眼中就是"菜不好吃"，"有人排队"则意味着"菜色可口"。这样判断的结果正确与否并不能完全断定，可是跟随众人，正确率通常可以大大提高。所以说，羊群效应并不是完全没有道理的，大众的经验大部分时候还是可以作为参考的。

微商们如果有自己的实体店，就可以在实体店中拍摄产品热销的情景照片，然后在朋友圈中发布这些热销的照片，产生热卖的氛围，让产品引起消费者的兴趣，充分利用消费者的从众跟风心理。在营销过程当中，如果微商们合理利用这种盲从心理，就有可能大规模地拉动商品整体销量。

当然，微商们在售卖某种商品时，也应该时常向朋友圈中的各位好友们透露一下已售卖数量，给顾客们营造一种商品在被疯狂购买的感受。当然这种数量如果能够完全精准到个位会更加让人觉得可信，比如在朋友圈中宣传时附上这样一个句子："商品上架刚刚8个小时，就已经抢购了56321件！"这种语言可能会激起顾客购买的潜意识，也同样去疯狂抢购这件商品。

16.7 巧妙晒单——激发客户购买欲望

不管微商的营销方式和手段如何发展，都离不开晒单、晒好评来吸引顾客。微商营销的目的是提高产品的销量和知名度，树立微商品牌、口碑及产品形象的一种微营销方式。本节主要介绍朋友圈晒单、晒好评吸引顾客的营销技巧。

微商在公众号、朋友圈、微信群或者微博中进行产品营销推广的过程中，除了发布相关的产品营销软文以外，还需要配上产品的图片和基本信息；为了让顾客信任，也可以晒一些成功的交易单或者好的评论。但是有两个问题在晒单过程中值得我们注意，那就是适度和真实。

(1) 产品营销广告要适度。

在晒单的过程中必须要适度，因为不管在哪个营销平台中，无谓的刷屏是人们十分抗拒的，所以万万不能犯了这一营销之大忌。但对于微商来说，晒单其实是非常有必要的，任谁看到大量的成交量都会对商品本身产生心动和行动，只是我们需要把握好尺度。

(2) 产品的信息真实可靠。

在单据上必须显示真实的信息。我们必须将所有真实信息展现给好友们看，以诚信为本，否则会让消费者觉得我们不真实，从而产生排斥的情绪。

从营销角度来说，适度地晒一些交易单之类的营销信息，可以大大地刺激消费。那么晒交易单究竟有些什么好处呢？在笔者看来，适度的晒单可以让买家们放心，增强买家对微商的信任感；还可以吸引客户的好奇心，对产品产生兴趣。

关于晒单还有一个小妙招，在一张照片中，微商可以放上几个快递单，并且将它们叠加起来再照相。然后卖家尽量将照片凑成九张，并且强调这是一天或是两天里发出的产品。

这样就会让消费者们觉得，这家店的产品真的特别受欢迎，自己也想购买品尝一下，可以在某种程度上推动销量。

16.8　会员制度——获得一批忠实用户

在实体店铺中，办理会员卡已经是一种十分常见的事情。几乎每一家实体店都会有会员制度，如图 16-7 所示。

一般来说，办理会员卡都有一个基本的门槛，也就是说，客户一定要在店铺内购买过达标数目的商品才可以入会。那么会员制究竟有什么优点，值得众多店铺都纷纷开始这项业务呢？接下来为大家进行详细介绍。

1. 提高顾客的忠诚度

在办理会员之后，店铺会有一系列针对会员所进行的折扣、优惠活动。价格上的优惠会使得顾客们经常光临这家店铺。久而久之，这些会员就发展成了老客户，对店铺的忠诚度也会越来越高。

图 16-7　一家实体店铺的会员制度

2. 促使商家与顾客进行交流

会员制可以使得商家和顾客不断进行交流。从一方面来说，商家经常会给用户推送广告信息、新品上市信息、会员折扣日等资讯。客户也可以直接跟商家反映购物中遇到的问题以及对他们的意见。

3. 吸引新顾客

办理会员卡所带来的优惠政策除了让老客户满意以外，同样也会吸引到新客户。举个例子，一位女士去服装店买衣服，结账时销售人员告诉她，由于她所购买物品的总价超过了 500 元，所以店里可以免费给她办一张会员卡，办完之后立马能使用，所有衣服都打 8 折。

很明显，这位女士是一定会办这张会员卡的。那么成为会员之后，优惠政策又会使得她一次又一次地选择这一家进行购物，接着成为老客户，循环往复。这就是会员制的聪明之处。

淘宝应该是线上店铺中最早实行会员制的平台，现在朋友圈营销也开始实行这种制度，为微信朋友圈营销的长远计划添砖加瓦。

4. 刺激顾客消费

办理会员最直接的好处就是能够享受到店铺的优惠政策，不过这些优惠政策一般也都会有门槛，比如说满多少元之后再打折。或是积分制，用卡内积分加上附加的钱来换购本身价值更高的商品。

这样的途径看似是在帮顾客省钱，实则只是商家让利一点点，实则能够获得更大的利益。折扣刺激顾客消费，为了满足打折或是积分换购的要求，顾客可能会去购买一些本不在购物清单以内的东西。

16.9 寻找分销商——拓展销售空间

首先了解一下，什么是"分销商"。分销是指某家企业与用户之间相互合作的营销战略，在此之间已经形成了完整的线上与线下购买平台，为顾客提供一系列的销售服务。如图 16-8 所示，就是一个招聘分销商的广告。

相对于代理商等其他形式的合作来说，分销商的工作更为灵活，也更为自由。他们不需要仅仅为一家企业而服务，只要他们想，并且有足够的空闲时间，他们可以接无数个品牌的销售活动，不受任何公司与个人的限制。

所以说，分销是相对来说比较自由的工作方式。微信营销者在进行朋友圈营销的过程中，其实是可以从老客户或是大客户中发掘出一些分销商来的。他们不用对企业负责，只用对微信营销者本人负责。而且工作强度不算太大，不至于耽误平日休息或上班的时间，还能利用闲暇时间赚上一些外快。

图16-8 招聘分销商的广告

对微信营销者来说，当销售走上正轨之后，也需要像实体店铺一样，请一些销售人员帮忙料理店内事务，因为一个人要面对如此多的客户，工作强度确实很大。而且分销商还能从他的朋友圈中带来并发展一些新的客户。只有不断发展壮大销售人员，才能拉动销量，使企业有更大的发展空间。

所以说，微信营销者在营销过程中，不仅要不断地发展新粉丝，还要学着去挖掘粉丝的潜在价值。把目光放长远一些，把个人利益与粉丝利益绑在一起，为个人的生意寻找更广阔的发展空间。

16.10 社群营销——值得探索的营销模式

社群营销并不是简简单单建立一个群就能进行成功的营销活动，而是需要掌握社群营销的关键点，才可以慢慢将社群营销雏形变成熟。

1. 发红包

发红包对于人们来说是一种喜庆的事情，比如某些节日长辈会给小辈发红包，或者是老板发红包给员工表示鼓励，抑或是结婚时发红包活跃气氛讨个好彩头等。随着社会文明的演变，发红包开始结合在互联网上，发红包的内容也越来越丰富。

"发红包"已经变成了"抢红包"，而微信群也成为了"抢红包"的好场所，也因为微信的便捷性，更多的社群成员希望参加进来，从而能在自己所在的社群中享受"抢红包"的乐趣。

如今，红包已经成为企业利用互联网吸引用户、进行营销的普遍手段，虽然微信不再独占鳌头，却也不失当年的风采，仍旧能吸引企业利用微信红包来活跃社群的气氛。微商、自明星们也可以通过微信红包来进行产品的营销。

2. 塑造品牌

微商们通过朋友圈这个社交平台进行社群营销时，需要注意5个方面的问题：一是有自己的独特观点，二是把产品信息介绍详尽，三是要学会互动，四是要学会分享干货，五是要传递正能量，树立好口碑。

3. 运用团队

微商们通过微信社群进行产品营销时，需要运用团队的力量，也就是微商在群里发布产品信息时，一定要有自己人捧场、炒人气、作宣传，把社群闹腾起来、活跃群内的气氛，让大家对你的产品感兴趣，从而让顾客产生购买行为。

4. 微信社群管理

微信社群需要运营者悉心管理，才能产生好的营销效果，下面就来了解社群营销在微信群里的运营方式。

(1) 内容运营：针对群的定位，每天发布固定内容1～5条。以微信打折购物群为例，每天发布3条，内容以特价商品为主。

(2) 活动运营：用户可以在群里与有共同兴趣爱好或话题的人畅聊，每天可以找热点话题讨论；可定期开展讲笑话、猜谜语、智力问答等小游戏；可配合官方活动同步开展微信活动。

(3) 会员运营：积极与群内活跃成员沟通，使其帮着一起发布内容，带动其他会员参与；设立类似群主的职位，让他在微商不在的情况下帮忙维持群内秩序。

(4) 微信群矩阵：建立多个微信群和公众号，互相推广，使粉丝效用最大化，要努力让自己的社群成员主动变成微商的推广专员。

第 17 章
10 种增粉渠道,快速引爆高人气

学前提示

对于微商而言,想要获得微信朋友圈人气,拥有更多的好友和粉丝,就要增加自己的曝光率,将焦点引导到自己的产品上。用好微信扩充朋友圈的功能,有助于吸引更多粉丝的关注,让自己的好友越来越多。本章主要介绍微信朋友圈吸粉引流的各种实用方法。

要点展示

- 引起注意——用自身实力圈粉
- 有针对性——制作用户喜欢的内容
- 一步到位——塑造口碑,培养粉丝
- 聚集人气——两种实用的吸粉技巧
- 主动搜寻——利用特色功能吸粉
- 线下实体店——轻松实现客户转化
- 大号互推——各取所需,实现共赢
- 学会分享——用真诚打动用户
- 用户至上——抓住客户提高黏性
- 其他渠道——多平台建立媒体矩阵

17.1 引起注意——用自身实力圈粉

微信营销者在朋友圈进行营销活动时,由于一些不恰当的刷屏,常常会受到朋友圈好友或粉丝的排斥、屏蔽、拉黑,不但使营销活动大打折扣,还会影响与好友建立的情感。

下面主要介绍建立相互信任、打造良好朋友圈营销氛围的方法。

1. 用高颜值来吸睛

谁都喜欢高颜值的事物,如果是帅哥美女,那么对于与陌生人的交流来说就是一把利器,通过高颜值还能吸引到不少粉丝与追随者。所以,微商们在朋友圈除了发产品广告外,还要多发一些自拍照、旅行照等,身材越好越能吸引到陌生人的关注,多展示帅气、甜美的形象。

当受众在朋友圈看到身材好、皮肤白的高颜值图片时,每个人都有想与其交朋友的冲动。如图 17-1 所示,为某位微信营销者在朋友圈发布的视频。

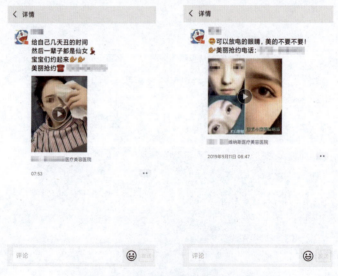

图 17-1　高颜值朋友圈发文案例

2. 呈现个人学识

俗话说:光说不练,假把式。在朋友圈中,微信营销者不仅要让客户看到你的远大理想、奋斗目标,更要让好友看到你的成功、你的努力,知道你是一个有真才实学的、能给身边的人带来益处的人。

运营者在朋友圈中可以分享一些成功的案例,可以是自己的,也可以是自己带的团队的,还可以将朋友圈的背景墙设置为比较有学识、有知识层次的类型,具体如图 17-2 所示。

健一生身，看十部影，摄百张片，读千卷书，行万里路。

图 17-2　将朋友圈的背景墙设置为比较有学识的类型

3. 呈现个人格调

一个有眼光、有品位、有格调的人，有足够魅力的人，更能被人所喜欢、所追逐。因此，朋友圈不要发低俗不雅的信息，而要发有一定品位格调的、源于生活又高于生活的内容，让客户觉得你是一个具有高尚人格魅力的人。如图 17-3 所示，为某位微信营销者在朋友圈发布的有品位、有知识的文案。

图 17-3　在朋友圈发布有品位、有知识的文案

当然，微信营销者也需要经常去参加一些培训机构组织的培训课程，自己进行不断的学习、充电，这样才能不断进步，同时把自己学习理解到的知识、技巧

分享到朋友圈中,既能给团队、代理做一个学习的榜样,更能让客户看到你的成功、你的真才实学。

17.2 有针对性——制作用户喜欢的内容

在社群电商中"智造"用户时,为了留住用户,制作用户喜闻乐见的内容是必不可少的。很多微商认为内容的制作只是简单地向用户提供文本、图文、音频、视频等形式的信息就好了,实际上,在社群电商中,"智造"用户的前提条件是用户来创造和分享内容。因为只有这样的内容才能满足用户需求,并提升用户的活跃度,促使用户成为社群电商的目标用户。

对于微商而言,不同类型的内容价值也不同。例如,用户提供了评论产品的内容,微商就可以从中吸取精华,用在产品改善上;用户提供娱乐类的内容,微商就可以记住内容中的特点,查找相关内容,并发到社群中去,吸引社群用户的注意力。

微商在社群电商中,发布内容时需要从3个方面进行考虑,具体内容如下。

(1)内容度:内容中讨论和评价微商品牌的内容所占据的篇幅。

(2)影响度:内容所带来的营销效果、传播效果以及转化的价值。

(3)相关度:内容中与企业品牌或业务情景相关性的比例即相关性。

在社群电商中,内容是需要有标签的,而标签就是一种标注内容的属性、关键词的工具。微商通过标签可以进行过滤、聚合,快速找到用户所需要的内容,从而提高用户查找内容的效率。

17.3 一步到位——塑造口碑,培养粉丝

在社群电商中,微商们想要运营好微信社群,就需要使用一些小窍门,比如赠送优惠的礼品,用户之间的口碑推荐等来打响企业品牌,为品牌树立良好形象。

1. 塑造口碑

在社群电商中,口碑的打造是需要粉丝努力的,主要是粉丝在认可产品、品牌的基础上,心甘情愿地推荐给自己身边的人,从而形成口碑。一般来说,形成口碑的主要途径如下。

(1)朋友圈:社群粉丝将产品或品牌抑或社群电商中的内容,即时推送给自己的朋友圈。

(2)信息流:将传播内容上传到信息流、对话框的信息流栏中,并随时监测内容并传播。

(3)礼品赠送:将产品转化为可提出申请的赠品,由传播者赠送给接收者。

赠送礼品是树立产品好口碑的较好途径，因为用户很多时候在乎的是实际的利益，如果电商在社群之中营造了赠送礼品、优惠券、折扣等良好的氛围，那么用户自然而然也就会主动帮忙宣传口碑，传播品牌。

不管怎样，只要粉丝愿意主动生产口碑，自觉地把产品介绍给身边的亲朋好友，对产品和品牌进行宣传和推广，那么用户"智造"定然是成功的，同时还为社群电商成功地进行了有效传播。

2. 塑造口碑

在朋友圈"培养铁杆粉丝"的过程中，可以从以下两个方面出发，一步一步地进行铁杆粉丝的培养计划。

(1) 聆听用户的心声、与用户互动、耐心与用户对话。只有这样，粉丝才能感受到被尊重的感觉，提升用户体验。例如，荷兰航空公司跟踪在机场签到的粉丝乘客，在登机的时候给顾客送上一份个性化的礼物，从而彰显出荷兰航空公司一直关心它的乘客，让乘客有好的体验。

(2) 从粉丝需求出发，通过奖励来提升粉丝的活跃度。分析粉丝的需求、制订奖励计划，送上用户需求的礼品，这样能大大地增加粉丝的体验，进一步巩固粉丝的留存率。

"培养铁杆粉丝"的两个方面，都是以粉丝体验为目标，让粉丝拥有一个好的体验才能触动粉丝的内心，促使粉丝心甘情愿地留在社群电商中，成为社群电商运作的一分子，抓好粉丝的忠诚度。

17.4 聚集人气——两种实用的吸粉技巧

所有的营销都必须有人气，否则都是空谈，而善于营销的人会脚踏实地，从整合身边已有资源开始，充分挖掘、运用好已有的人。比如说，手机通讯录就是我们的第一大现有人气资源，要充分转化好。本节将介绍两种方法吸粉引流，帮助大家快速聚集人气，打造客户基础。

1. 通过手机号码聚集客源

在这个以手机为主要通信工具的时代，手机通讯录相当于人的社会关系的一个缩影，它是人的各种社会关系的具体表现，里面有亲人、好友、同学、领导、同事、客户，等等，少的有几十人，基本上都有上百人，就拿笔者为例，目前就有480人。人际关系发达的，估计有上千人。

特别是使用同一个手机号越久的人，里面储存的人际资源就越多。俗话说："创业需要第一桶金"，而在如今人气就是财气的网络时代，我们需要第一桶"人气"，而最好的人气资源就是我们的手机通讯录。

如果用户手机中有许多通讯录号码，此时可以通过微信服务插件，将通讯录中的号码全部添加至微信列表中，使其成为微信朋友圈中的一员。

2. 通过扫码快速添加微信

在现代社会，微信二维码已经成为个人名片，只需轻轻一扫就能够与对方成为好友，亲近对方的生活。从营销角度来说，二维码是大家出门时必不可少的东西，可抓住一切时机与所有具有购买潜力的人互加好友。

现如今，二维码在营销运营中也具有十分重要的作用，它是作为服务和产品流动的"加速器"存在的，它能轻松地完成营销过程中线上与线下的闭环。这一功能是由其自身的属性和特点决定的。

在线上与线下的营销闭环过程中，一方面，企业或商家可以通过二维码来达到引流的营销目的。另一方面，企业或商家也可以通过线上的二维码扫描获取相关信息，方便用户在线上消费或将其引流到线下消费。

无论是从线下到线上的引流，还是从线上到线下的引流，都可以通过微信功能的二维码扫描来实现。而在微信的朋友圈服务插件中，用户可以通过微信的二维码扫描来添加好友，扩充朋友圈。

17.5 主动搜寻——利用特色功能吸粉

在微信页面中，有两个十分新颖的功能，叫做"附近的人"和"摇一摇"。作为微商，应该敏锐地发现并利用这两个功能吸粉。

1. 借助"附近的人"扩大客源

"附近的人"可以定位你当前的位置，并且自动搜索周围同样也开启了此功能的微信用户，继而可以发送添加好友的邀请。

当我们的位置发生变化时，"附近的人"列表同样也会发生变化。从营销角度来说，这是一个非常适合大规模添加用户的机会，可以将他们发展成自己的客户，进而获得更多的利润。

当然，在添加好友之后，一定要记得经常和这些微信用户们沟通交流，保持一个相对来说比较熟悉的关系，给对方留一个好印象。

在把"附近的人"列表里的人添加为好友之后，应该要做些什么呢？笔者个人认为，要长期留住从"附近的人"添加的好友，有3件事是必须要做的。

首先，我们不能加了好友之后立马就开始推销产品，这样只会让对方觉得你诚意不够，加好友只是为了打广告，可能还会在你的广告信息传过去立马把你拉黑。凡事都讲究循序渐进，新添加的好友应该先礼貌地打招呼，并且多在朋友圈中进行互动。这样一方面可以避免陷入尴尬的对话局面，另一方面又能和对方加深认识。

其次，运营者应该学会展示自身的魅力，这样才能给新好友留下好而深刻的第一印象。这种魅力的展示最好留在朋友圈里，让对方作为绝对客观的第三者来判断。魅力是装不出来的，它需要大家在生活中不断积累，多读书、读好书，有相对高雅的艺术欣赏水平，而不要依赖于心灵鸡汤。

最后一点相比起前两点来说，就比较直白了——在自己的签名栏里加上广告语。这一点的优点就是，不管对方有没有通过你的好友请求，他（她）都潜移默化地记住了你所销售的东西，产生一定的广告效应。

2. "摇一摇"随机获取空闲用户

"摇一摇"是一个十分有意思的大规模交友功能。当你打开这个功能并且摇晃手机时，手机系统将为你推荐和你同一时段摇动手机的用户。

那么运营者如何利用这一功能实现增加朋友圈客户数量这一目的呢？通常来说，有两种方法可以供大家借鉴。

第一个方法比较笨但是几乎零成本。通过不断地使用"摇一摇"功能添加用户，和对方主动沟通交流。

第二个方法速度比较快，可是需要大家付出一些成本。运营者可以通过举办活动，增加参加"摇一摇"活动的人数。下面用一个公众号例子详细介绍这种营销方式。在情人节，国内某个知名的珠宝品牌发起了一个"摇一摇"的活动。该商户要求所有参加活动的用户在同一时间使用"摇一摇"功能，后台会在参与的用户中选择幸运的观众来赠送品牌珠宝和一些其他小礼物。当然，在参与活动之前，用户们必须关注该品牌的微信公众号。

17.6 线下实体店——轻松实现客户转化

网上购物开始兴起之后，实体店的销售额纷纷受到了或大或小的冲击，生意人发现实体销售越来越难做了。的确，对比起进入实体店购买物品，网上购物更加方便，也更加便宜。所以对于商人来说，如何利用微信将生意做"活"，是一个非常值得讨论和分析的问题。

当然，微信毕竟是比较私人的社交工具，非亲非故要和别人互加好友并不是非常礼貌的行为，同时也很有可能遭到对方的拒绝。那么有什么办法能够吸引客户加微信呢？

方法一，可以设立几个优惠政策，如凡是来店购买商品的用户，加店主微信后就可以享受折扣，如图17-4所示。

方法二，可以免费发放一些小成本的物品来吸引对方添加微信。比如，天热的时候发放纯净水或是小扇子等。

图17-4　顾客在店铺前扫描二维码

总而言之，将生客变熟客、把熟客变老客是营销中大家需要做到的。而利用微信的社交功能来实现这一目的，是一种新鲜且聪明的做法。

除了新客户，我们同样不能忽视实体店经营多年累积下来的老客户。这些客户平时在店内购买的东西比较多，也很信赖店主，是商家不能失去的重要客源。

店主在添加这些客户之后，应该认真对待他们的疑问与建议，尽量将与对方之间的生意关系发展到线上。努力争取他们的信任，不仅仅能保持长期的合作关系，同样还可以吸引对方因为信任而推荐的新客户。

17.7　大号互推——各取所需，实现共赢

通过爆款大号互推的方法，即微信号之间进行互推，可建立微信号营销矩阵，强强联手实现共赢。相信大家在微信群中，曾见到过某一个微信号将产品信息给一个或者几个微信号进行推广的情况，这种推广就算得上是微信号互推。他（她）们可能是互相认识的朋友，甚至会约定好有偿或者无偿给对方进行微信号推广。最好是找一些微商大咖来帮你推广，他（她）们的凝聚力和影响力都较强。

商户在采用微信号互推吸粉引流的时候，需要注意的一点是，找的互推微信号销售的产品类型尽量不要跟自己的产品相同，因为这样微商营销人员之间会存在一定的竞争关系。两个互推的微信号之间尽量以存在互补性最好。举个例子，你的微信号是销售护肤产品的，那么你选择互推的微信号时，就应该先考虑找那些销售补水仪等仪器类的微信号，这样获得的粉丝才是有价值的。

微信号之间互推是一种快速涨粉的方法，它能够帮助商户的微信号短时间内获得大量的粉丝，效果十分可观。当然，互推时可以直接提供二维码图片，这比提供微信号码更方便，只需要"扫一扫"，即可让有意向的客户或粉丝添加为好友。

17.8　学会分享——用真诚打动用户

在微信朋友圈中,微商们除了进行营销时需要发布产品的图片和基本信息以外,为了让客户信任自己,也可以分享一些工作内容、工作环境、工作进展等信息,这些都是微商增进与顾客关系的情感利器。

1. 分享背后的苦楚

在大多数人群眼里,在朋友圈做微商很轻松:不用早起上班打卡,坐在家里看着电视吃着零食,一边带带小孩敷敷面膜,一边跟客户一边卖产品,然后在朋友圈发几条产品信息。

似乎在朋友圈做微商光鲜靓丽,既有钱赚,又轻松,却很少有人知道微商背后的努力和付出:经常因为家人的不理解而受到责备;每天上百个快递要寄,光写快递单就能写到手软;跟团队培训学习到凌晨一两点;从上级拿产品,给产品拍照片,修照片,发朋友圈,带代理培训。

商户们在朋友圈营销过程中,平时除了在朋友圈中发产品的图片和产品信息之外,还可以偶尔跟客户诉诉苦,将自己拿货、发货、深夜上课培训的照片分享在朋友圈中,让客户看到一个努力认真为这份事业打拼的微商,在向客户展现认真工作的态度的同时赢得客户的信任。

微商和网红一样,也需要经常在朋友圈中分享自己辛苦工作的历程与情景,让人感觉很上进,如果多分享一些辛苦过程的图文,则更加具有说服力。

2. 分享奋斗激情

生活不仅有辛苦,还有着为梦想奋斗的无限激情,想要得到客户对你的认可,就要有可以激励人心的感染力。

微商、网红、自明星们可以在朋友圈中分享自己或团队积极乐观、拼搏上进的有激情的内容,或是一些大咖的成功案例,这样能起到鼓舞士气的作用,潜移默化下,客户会对你更加信任。

3. 分享营销资质

相同种类的产品,售卖者肯定不止你一家,怎么让客户相信你,购买你的产品呢?首先一点,微商要可持续性地、长久地做下去,就要保障产品品质,有口碑,才能带来销量。

对于微商们,要把对自家产品相关的新闻、明星代言、质检合格证明等信息分享至朋友圈中,有图有真相,才更有说服力。

4. 分享运营团队

现如今在朋友圈做微商从来都不是一个人,其背后都有一个庞大的微商团队,团队是商户们最坚实的后盾。微商、网红、自明星们团结互助，才能促进团队的强大，团队越强大，在自明星道路上走得越长久。

在朋友圈中分享自己的团队成员、团队培训、团队上课等一系列活动的照片，让客户知道你并不是一个人，你所从事的事业和销售的产品都是有一定权威性的，是有团队一起经营的，让客户可以对你产生信任感。

5. 分享团队增员

老话说得好：耳听为虚，眼见为实。要想在朋友圈吸引更多的人加入你的团队，跟着你一起做微商代理，在朋友圈说得再天花乱坠、再厉害、再成功，人家顶多也只会信你 3 分。

所以，微商们需要经常在朋友圈中分享新进的代理名单、合照、与新代理加入团队时的聊天记录截图等，让原本还在观望状态的、有意向的客户或朋友圈好友下定决心，加入你的团队。

如果微商直接将与加入团队的新成员的对话进行截图展示，客户看到之后就会觉得该微商的团队能吸引这么多人加入，应该是非常有实力的。

6. 分享体验效果

将体验效果截图发朋友圈，可以增加一定的可信度。

微商可以将自己使用产品时的过程拍照或拍个小视频分享在朋友圈中，并和客户分享使用后的效果体验进行对比，引导客户购买产品或服务。如果客户的使用体验跟你一致，会促使他们再一次购买你的产品或服务，还能获得客户对商户的认可。

7. 分享心得体会

站在巨人的肩膀上，可以离成功更近。人们总喜欢看成功人士的演讲和他们取得成功的故事，这反映出人们内心对成功的渴望，希望能从中得到启发或者找到成功的捷径。

而微商们从走上微商道路开始，每个人收获不一样，心得感悟也是不一样的，所谓"前人栽树，后人乘凉"，这句话不是没有道理的。微商们在朋友圈中可以多发一些微商营销的心得感悟，一些刚入门的微商或准备做微商的人群，可能会对这些心得感悟产生不一样联想启示，而有所收获。

在朋友圈中，微商代理通过分享心得感悟，在让潜在客户了解微商代理的同时，可刺激更多人加入自己的团队。

17.9　用户至上——抓住客户提高黏性

客户是营销活动的终极目标，整个营销过程就是一个以客户为中心的运营过程。任何微商都应该要记住，自己做的是长期营销而不是短期推销，不能存在"卖完东西拍拍灰就走"的想法。

营销要做的，就是不断积累新客户、发展老客户，使店铺内的生意生生不息。当然，在销售过程中，微商们也可能会遇见不太想要购买商品的客户，对于这种人，也不能置之不理，而是应该循序渐进地引导对方，去和他发展关系，慢慢将对方拉入生意圈中。

1. 抓住客户痛点，解决痛点

无论是做微商、网红还是自明星，都要找到自己的需求客户，有针对性地解决客户的痛点，才能抓住你的客户。比如微商在朋友圈卖一款产品，首先这款产品一定要能解决大部分客户的需求问题，客户需要它，购买力度才大，就像2015年大卖的面膜，因为使用人群广泛，击中了客户对美的需求，抓住了客户的痛点。

所以，客户在网上咨询店家之前，你首先要与客户进行沟通和交流，了解客户需要解决什么样的问题，然后再推荐相关的产品，真正站在客户的角度为他着想，得到客户的信任，这样才能使他成为你的铁杆用户或粉丝。

2. 多进行互动，增强客户黏性

在朋友圈营销中，为了与微信好友们培养一个比较稳固的关系，微商们应该要尽量多与好友进行互动。微商们想要在朋友圈赢得好友的好感，增加信任感，要多提升自己的存在感，关心自己的核心好友，其中点赞加评论是最有效的一个方法。

利用微信点赞方式，可以让好友记住自己，还能得到被好友关注的机会，原理是"先付出，再回报"。看到好友聚会很开心，评论一下，分享快乐；看到好友发看电影的状态，评论一下，可以讨论剧情，有利于互动交流；看到好友晒体重，长胖了、太瘦了，可以评论关心一下；还有看到朋友圈发表对于未来的期待和自我激励的状态，要及时地点个赞，表示对好友的支持和鼓励，好友看到了也会觉得欣慰的。微商们可以通过这种互相分享喜悦和难过的方式，逐渐与对方友好地发展关系，使双方成为无话不谈的好友，为店铺未来的发展打下坚实的基础。

3. 以感情为基础，打动用户的心

微商们在进行朋友圈营销的过程中，如果只是循规蹈矩地发一些无趣的广告内容，肯定是没有几个人愿意看的。但是如果我们能将广告内容加以修改，添加一些可以吸引人眼球的元素，说不定就能够让顾客们抽出时间来读完整个广告。

一般来说，最能够引起群众注目的话题自然就是"感情"。用各种能够触及对方心灵的句子或是内容来吸引别人，也就是所谓的"情感营销"。因为在如今

这个社会，由于物质生活的不断丰富，群众在购买商品时开始并不那么看重产品本身的质量与价格了。大家更多是在追求一种精神层面上的满足，一种心理认同感。情感营销能利用群众这一心理，对症下药，将情感融入营销当中，唤起购物者的共鸣与需求，把"营销"这种冰冷的买卖行为变得有血有肉起来。

4. 增强客户体验感，消除购买顾虑

很多时候，顾客不愿意购买微商所推荐的商品主要是因为不信任，对微商所描述的内容持有怀疑态度，这个时候，微商必须明白，当对方不相信你所说的一切的时候，就算讲到口干舌燥对方还是不会相信。

那么这个时候，我们到底要如何才能让客户不再怀疑进而相信所有的描述呢？那当然是直接拿出实质的物品来取代空洞的词汇——用商品本身的功效来证明产品描述的正确性。准确地说，就是增强客户的体验感。那么如何增强体验感呢？直接拿实体店来举例子吧。

体验式的店铺除了能让顾客了解功效、打消顾虑以外，还有什么别的好处吗？当然有，那就是增加顾客的体验感：一是增加商品使用的体验感，二来是增加购物的体验感。

当然，微信朋友圈的营销没有办法制造出购物的体验感，这点非常遗憾。但是微商们可以试着增加商品使用的体验感。对于类似于护肤品、化妆品、零食等可以拆分的商品，增加用户的体验感还是比较简单的，直接送对方一些商品的小样，让他们先感受一下功效，如果好用，他们自然会选择购买。

而那种相对来说比较大件的商品，特别是电子商品能不能体验呢？其实也可以。但最好是针对诚信意识比较重的、购买希望比较大的客户。让对方交一定的押金，把商品寄给对方让他们感受一番。其实这种行为并不奇怪，现在已有很多卖耳机的商家采取这样的方式来推销自家的耳机了。

17.10　其他渠道——多平台建立媒体矩阵

除了微信以外，网络上还有很多社交平台。做朋友圈营销的人，应该将眼光放长远一些，不能仅仅看到朋友圈，而是应该想尽办法认识更多的人，与对方成为朋友，不断挖掘他们身上潜在的购买力。这就要求微商们想尽办法去通过别的社交软件与客户们进行沟通，提高自己店铺的人气，通过平等的沟通与客户们打成一片，成为朋友，为自己生意的长远销量打下牢固的基础。

那么这些沟通的渠道有哪些呢？除了微信以外，还包括QQ、微博等媒体平台。

1. QQ

QQ应该是大家最常用的一种社交工具，它拥有中国最大基数的粉丝，是一个很方便的吸粉平台。由于 QQ 和微信同属于腾讯公司，所以两个软件之间还有可以互相沟通的地方，比如在 QQ 空间中发的状态是可以直接同步到微信朋友圈中的，这样既节省了时间，又将广告推送给了更多人看。

当然，商家们用到 QQ 的主要原因还是为了和购买者们发展更好的关系。其实建立 QQ 群就是一个很明智的方式。QQ 群是可以分类的，而且也可以放上网络平台向公众开放，大家可以根据自己的喜好点击加群，如图 17-5 所示。这样就能汇聚天南地北有共同兴趣爱好的人，然后慢慢地与他们发展关系，最后将他们拉入客户群。

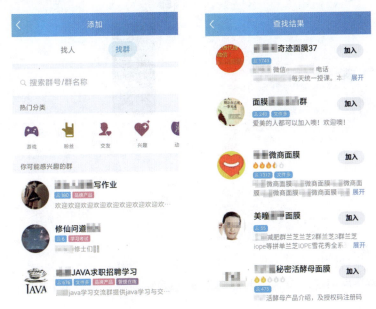

图 17-5　查找 QQ 群的界面

2. 微博

作为现在最炙手可热的社交平台，微博可以说是群众最活跃的网络地带。近几年很多社会新闻都在微博上遭到披露，人们能够感觉到微博用户的力量日益强大，甚至对社会的影响十分巨大。而且相比起微信、QQ 这种聊天软件，微博更加公开透明，有共同语言的朋友们可以互相关注并且交谈。

如果商家想要在微博上交好友，最好是将自己的账户发展成大 V 来吸引更多的粉丝关注，从而提高自己的人气，同时也可以提高店铺的人气。

一般来说，账号想涨粉，通常有两种办法。

一种是靠自己，多发有意义的内容，凭借自己的头脑和文笔吸引别人的注意。比如耳帝，专门为别人科普音乐性质的知识，在流行音乐界有一定的地位，大家都愿意相信他，粉丝众多，因此可以接一些广告；又比如博物杂志，是专门写生物科普的博主，博学多识风趣幽默，经常为大家排忧解难，当然他本身就是卖科普类杂志的，这样一来二去，吸引了众多粉丝，杂志的销量也被有效地拉动了。

第二个就是去高人气的博主发的微博底下抢热门，引起对方粉丝的关注，进而吸引粉丝的关注，获得大批追随者，如图 17-6 所示。

图 17-6　抢热门类博主

不管用哪种沟通方式与客户们做朋友，最后的结果都是为了商家生意的进步。所以一定要想尽办法让这些朋友们与商家交换微信，挖掘他们身上的消费潜力，提高商品销量。

第18章

10种致富手段,财源滚滚而来

学前提示

新媒体时代将人们的生活带入了一个新阶段,朋友圈的营销也渐渐进入了一个全盛的时期。对于微商、网红、自明星运营者来说,微信运营的最终目的是为了赚取利益,实现品牌变现。因此,掌握多种赚钱的模式是必不可少的。

要点展示

- 广告变现——最理想的变现之道
- 直播变现——最流行的变现方式
- 打造成网红——"我为自己代言"
- 短视频变现——短小不失趣味
- 社群变现——创建微信社群变现
- 回访变现——增加客户下单率
- 渠道变现——发展自己的代理商
- 批发变现——批发式营销变现
- IP变现——打造微商IP品牌
- 众筹融资——不同寻常的变现方式

18.1 广告变现——最理想的变现之道

由于自明星微商创业的成本比较低,因此现在越来越多的人通过自明星的模式进行微商创业,自明星也越来越受到年轻人的追捧。当然,自明星进行的一系列宣传、推广的活动,最终目的都是为了吸粉引流、赚取利益。

广告变现是指自明星拥有一定的粉丝数量后,就会有超高的人气,而商家会请自明星们为企业的产品代言,录制成广告视频的方式在媒体平台中进行宣传。商家通过自明星的粉丝流量来提高产品的销量,扩大品牌的知名度;而自明星通过广告变现,实现一定的收益。

譬如,《陈翔六点半》是一档爆笑网络迷你剧节目,他凭借幽默深刻、情节反转、短小精悍等特色走红网络,在多个平台具有上百万的粉丝。2016 年夏,《陈翔六点半》与艾美特合作推出了视频广告——《吹啊吹啊我的心机放纵》,它将自己的风格融入品牌产品,融合搞笑的视频内容,增加了艾美特的知名度,同时也使得《陈翔六点半》通过广告获得变现,如图 18-1 所示。

图 18-1 《吹啊吹啊我的心机放纵》视频广告

18.2 直播变现——最流行的变现方式

微商在直播平台中,通过直播营销,利用各种方法,吸引用户流量,让用户购买产品、参与直播活动,让流量变为销量,从而获得盈利。下面向大家介绍几种直播变现的策略,以供参考。

1. 美女主播:赚足视觉享受的经济变现

说起直播的盈利,最初主要是秀场直播中获取的,对于这种视觉享受的经济变现模式而言，最重要的就是主播。主播的素质和特长基本上决定了营销的成功与否，而秀场直播平台的主要收入则包括3个方面，如图18-2所示。

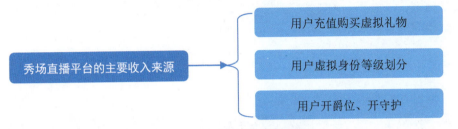

图18-2 秀场直播平台的主要收入

虽然秀场直播的营销模式比较简单，操作起来也很容易，但它的地位始终都是比较稳固的，只是需要更多的探索和发现，来不断改造和发展它。

2. 直播平台：满足用户需求来变现

对直播平台而言，用户的需求永远都是摆在第一位的。只有持续与用户进行互动，对用户提出的意见及时做出反馈并满足用户需求，才能推动营销的实现，获得经济效益。以某直播平台为例，除了在内容上吸引用户以外，它还不断提升用户的直播体验。那么它具体是从哪几个方面做的呢？笔者将其总结为3点，如图18-3所示。

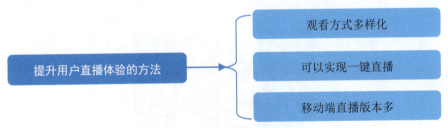

图18-3 提升用户直播体验的方法

3. 淘宝直播：Buy+ 体验呈现

对于直播营销而言，一方面要吸引用户购买产品，另一方面又要提升用户的直播体验。淘宝在这方面做得很好，从一开始的"足不出户，购尽天下物"到现在的"Buy+"全球首次开放体验，淘宝用行动向我们证明了它的实力。

2016年7月22日，淘宝"造物节"正式开幕，随之而来的还有阿里VR实验室研发的Buy+——虚拟现实购物体验产品。此次Buy+体验呈现的两个主要购物场景的产品为女包和男女内衣，用户只要戴上"头盔"，进入体验空间，就能亲身体验琳琅满目的虚拟商店。

此外，用户还可以通过手柄设备与朋友一同在虚拟购物空间进行交流。在这里，用户不仅可以 360 度观察产品，还可以让模特展示服装效果。淘宝将目光投向直播，一方面利用技术提升了用户的购物体验，另一方面也推动了营销的实现，使得淘宝直播不断向前发展。

18.3　打造成网红——"我为自己代言"

通过其他新媒体平台、短视频平台等，微商们将自己打造成网红，不断吸粉引流，当粉丝达到一定数量时，建立自己的品牌，将粉丝引入微信平台，通过微信朋友圈等，疯狂推广自己的产品或品牌，打造粉丝经济赚取资金。

1. 形象代言人

形象代言人是一些明星、商界大腕、自媒体人等人物 IP 常用的变现方式，他们通过有偿帮助企业或品牌传播商业信息，参与各种公关、促销、广告等活动，促成产品的购买行为，并使品牌建立一定的美誉度或忠诚度。

例如，曾担任联想总裁的柳传志，是一位中国企业家，同时也是我国计算机领域的专家。2018 年他还担任联想总裁时，恰逢《星球大战：最后的绝地武士》上映，联想联合迪士尼推出全球唯一合作的星战系列 AR 游戏，同时也推出与之配套的 Mirage AR 智能头盔，柳传志亲自上阵，体验联想 Mirage AR，间接为 Mirage AR 代言，并在微博引发广大的关注，如图 18-4 所示。

图 18-4　通过形象代言直接变现

2. 出演网剧

对于那些拥有一些表演、唱歌等才艺的自明星来说，可以向影视剧、网剧等方面发展，也可以得到不菲的收入。例如，《万万没想到》已经从单纯的网剧发展成大电影了——《万万没想到：西游篇》。《万万没想到：西游篇》其实在开播前就已经在赚钱了，它通过植入广告、网络发行等各种手段将3000多万元成本收回，上映后还创下了两天1.1亿元票房的纪录。

当然，拍网剧的要求比较高，大部分网红、自明星都还停留在微电影的阶段。其实，也可以在宣传时将"微"字淡化甚至去掉，这样就变成拍电影了。自明星基本上都是这样宣传的，同样也可以得到粉丝的膜拜。

例如，比较有名的网商名人肖森舟曾成立的电子商务工作室，经过多年努力，终于成为厦门十大最受欢迎的网商，后来又组建森舟商学院，被淘宝大学认定为淘宝大学企业导师，学生遍布全国，红遍电子商务行业。

网络大电影风行之际，肖森舟曾主演电影《我的微商女友》，如图18-5所示，讲述的是一位女主人的微商从业经历，从痛苦、绝望到最后成功的故事，深受观众喜爱，肖森舟通过出演电影，实现了自明星的变现方式。

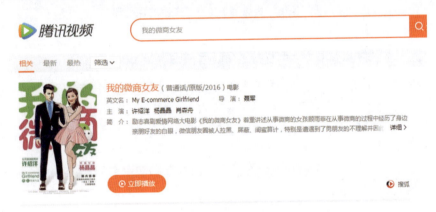

图18-5 肖森舟主演电影《我的微商女友》

18.4 短视频变现——短小不失趣味

短视频，顾名思义就是时间比较短的视频。视频是一种影音结合体，是能够给人带来更为直观的感受的一种表达形式。随着移动设备端、移动互联网、社会化媒体的兴起与发展，短视频开始频繁走进大众的视野。短视频的兴起以第一个短视频的产生为基础，其发展也是依靠短视频应用的出现。我们来看国内短视频的发展历程，其主要以美拍、微信小视频、小影、抖音为主要代表。

目前，微信朋友圈支持15秒短视频，也支持从收藏里转发的时长最长可达两分钟的视频。微商们利用这短短的15秒或两分钟，不仅可以博得朋友圈好友的好感，还能宣传自己的产品，如图18-6所示。

图 18-6 某微商上传在朋友圈的短视频

18.5 社群变现——创建微信社群变现

微信群是比较私密的,群的概念比较内敛,在几年前,微信群更多的是一些好朋友、小圈子,人数不多。而现在很多微商、网红、自明星们都会建立自己的微信群,来维护与粉丝的关系。通过在微信群中不断地交流,可以拉近与顾客、粉丝之间的感情与距离。微信群有一个非常大的特点:"免费",且不说运营群的方面,单单建群,就无需花费什么费用,只要在微信里有朋友,都能免费建群,从而做到轻松变现赚钱。

1. 发红包

发红包,对于人们来说是一种喜庆的事情,比如某些节日长辈会给小辈发红包,或者是老板发红包给员工表示鼓励,抑或是结婚时发红包活跃气氛讨个好彩头等。随着社会的演变,发红包开始出现在互联网上,发红包的内容也越来越丰富。

后来,"发红包"变成了"抢红包",而微信群也成为了"抢红包"的好场所,也因为微信的便捷性,更多的社群成员希望参加进来,从而能在自己所在的社群中享受"抢红包"的乐趣。如今,红包已经成为企业利用互联网吸引用户、进行营销的普遍手段,虽然微信不再独占鳌头,却也不失当年的风采,吸引着企业利用微信红包来活跃社群的气氛。微商、自明星们也可以通过微信红包来进行产品的营销。

如果想要在社群运营中更加充分地利用"抢红包"这一活跃气氛的手段，还要注意几方面的问题，如下所示：

(1) 让用户尽可能成功地抢到红包。
(2) 发红包要一气呵成，不要让用户左等右等，最后丧失耐心。
(3) 发红包要有金额限制，以免损失利润。

2. 如何运营

微信社群需要运营者悉心管理，才能产生好的营销效果，下面就来了解一下社群营销在微信群里的运营方式。

(1) 内容运营。

针对群的定位，每天发布固定内容 1～5 条，以微信打折购物群为例：每天发布 3 条，内容以特价商品为主。

(2) 活动运营。

用户可以在群里与有共同兴趣爱好或话题的人畅聊，每天可找热点话题讨论；可定期开展讲笑话、猜谜语、智力问答等小游戏；可配合官方活动同步开展微信活动。

(3) 会员运营。

积极与群内活跃成员沟通，使其帮着一起发布内容，带动其他会员参与；设立类似群主的职位，让他在微商不在的情况下帮忙维持群内秩序。

(4) 微信群矩阵。

建立多个微信群和公众号，互相推广，使粉丝效用最大化，要努力让自己的社群成员主动变成微商的推广专员。

18.6 回访变现——增加客户下单率

不论是新客户还是老客户，只要是对我们的产品有意向或者感兴趣的，我们日常都要多进行回访。对于新顾客，多回访可以增加他们的下单率；对于老顾客，多回访可以表现出对他们的重视，让他们觉得自己有存在感，发挥老顾客的消费潜力。

由于微信好友的庞大数量，以及工作强度的日渐增加，经营当中难免会遇到一些大大小小的问题。在这种情况下，店家受到用户的抱怨也是在所难免的。在这种情况下，微商们应该重视客户的每一次反馈，并且用心倾听他们所提出的问题与建议，然后多进行回访，如图 18-7 所示。

对客户进行回访时，会收到客户不同的问题，这些问题能不能得到系统的解答和解决，是决定客户是否继续信任这一家店铺的基本评价标准。所以，微商们应该要认真对待客户的每一次反馈，并将这些内容分门别类，具体问题具体分析，仔细地去解决所有的意见。

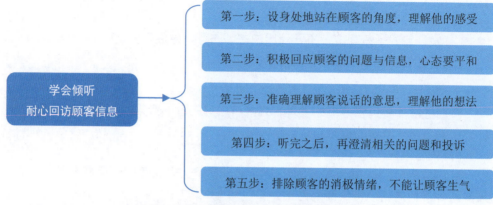

图18-7 多进行回访才能增加下单率

一旦商户没有将客户提出的问题处理得当，或是压根儿就没当作一回事儿，这样的情况就会使店铺损失一部分的客户。星星之火，可以燎原，总是因为忽略问题而损失客人，最后生意自然就只能以失败告终了。

所以，为了防止这种场面的出现，商户们应该从源头制止各种不让客户满意的问题，用心聆听对方的意见，认真对待每一份反馈信息。

18.7 渠道变现——发展自己的代理商

微商是营销的一种渠道，而微商发展代理商，是指通过代理商来打理微商的生意，代理商赚取微商的代理佣金。如果将微商比作为一个企业，那么代理商就是企业中的销售员，销售员越多企业产品的销量就越高，利润就越大。

微商选择好一款产品后，要通过不同的媒体平台不断地吸粉引流，然后每天都在朋友圈晒一晒收益、客户转账之类的图片，这样能很快地吸引其他的代理商帮你卖产品。只要微商的产品质量过硬、口碑好，就会有很多的人愿意在朋友圈代理你的产品，帮你销售产品，发展代理商是一种极佳的变现方式。

对微商来说，当销售走上正轨之后，也需要像实体店铺一样，请一些销售人员帮忙料理店内事务，因为一个人要面对如此多的客户，工作强度确实还是很大的，而且代理商还能从他的朋友圈中带来并发展一些新的客户。只有不断发展、壮大销售人员，才能拉动店铺的整体销量，使企业有更大的发展空间。

微商在朋友圈发布招代理商的信息，有些是在正文中说明招代理商，有些是在地址栏中显示招代理商，而且朋友圈招代理商的门槛极低，只要你有营销、赚钱的欲望，也愿意付出努力，你就可以成为朋友圈的代理商，如图18-8所示。

图 18-8 微商在朋友圈发布招代理商的信息

18.8 批发变现——批发式营销变现

在朋友圈从事微商的工作，比开实体店的利润要高，毕竟节约了很多硬性开支，如门店租金、店铺装修、人力成本等，所以朋友圈的产品价格也非常实惠，同品牌、同质量的产品，朋友圈的性价比会更高一点。

因此，微商品牌做得比较好的话，就会有很多其他的微商、微店或淘宝店主找微商拿产品，一拿就是几十件甚至几百件，而且还是长期客户。这种批发式购买力度是非常大的，所以批发式营销也是微商变现的渠道之一，如图 18-9 所示。

图 18-9 某酒品牌批发代理商的朋友圈

抖音·头条·快手·公众号·小程序·朋友圈全网营销一本通

18.9 IP变现——打造微商IP品牌

打造微商自明星IP品牌的本质其实还是内容，因为吸引粉丝要靠内容。那些能够沉淀大量粉丝的自明星除了拥有优质的内容外，他们还有一些共性的特点，本节将进行具体分析。

1. 具备人格化的偶像气质

在打造自明星IP品牌的过程中，自明星需要培养自身的正能量和亲和力，可以将一些正面、时尚的内容以比较温暖的形式第一时间传递给粉丝，让他们信任你，在他们心中产生一种人格化的偶像气质。

例如，2015年底，中国台湾地区女歌手王心凌在微博上发布了一张吃汉堡的照片，来配合新专辑的宣传工作。面对照片画面中的造型，网友们各有各的看法，一时间话题被大家热议。对此，王心凌在互动中回复"主！要！看！气！质！"，于是网友纷纷在照片下方"接龙"回复，话题迅速登顶热搜第一。

有人说，在过分追求"颜值"的年代，"主要看气质"的流行其实正蕴含着"正能量"。

不过，对于互联网创业者来说，要想达到气质偶像的级别，首先还是要培养人格化的魅力。

(1) 独特，不平凡，不肤浅。

(2) 对自己的人格真诚。

(3) 搞清楚粉丝的喜好是什么，然后迎合粉丝的喜好。

俗话说"小胜在于技巧，中胜在于实力，大胜在于人格"，在互联网中这句话同样有分量，那些超级IP们之所以能受到别人的欢迎、接纳，其实这也在侧面说明他具备了一定的人格。

2. 节目内容输出的频次高

如今，IP营销的概念得到了很好的扩展，很多个人品牌爆款IP都能够凭借自己的吸引力，来摆脱单一的平台束缚，在多个平台、区域获得流量和好评，并且进行内容的分发。例如，南派三叔、叫兽易小星、天下霸唱、糗事百科、《花千骨》等就是具有非常强的营销能力的个人品牌爆款IP的代表。

据统计，大部分的超级IP都经营了3年以上，正是他们运用连续性、高频次的内容输出，才抓住了这样的机会，而他们的产品供应链和服务体系并不输于一些大规模的企业。

3. 具有明确的核心价值观

微商或自明星要想成为超级IP，首先需要一个明确的核心价值观，即平常所说的产品定位,也就是你能为用户带来什么价值。

例如,2015年问世的动画电影《大圣归来》改编自章回体古典小说《西游记》,是近几年来优秀的国产动画,如图18-10所示。

图18-10 《大圣归来》海报

《大圣归来》的推出让人们都记住了"孙悟空"这个"酷帅"的动画人物,如图18-11所示。

图18-11 《大圣归来》电影中的"孙悟空"

另外,由影视剧《大圣归来》衍生的周边等产品得到了火爆的销售状况。当然,出品方的精心策划是《大圣归来》获得成功的主要原因之一,但更多的原因是《大圣归来》的IP抓住了差异化定位,有明确的核心价值观,那就是在青少年、儿童人群中塑造一个英雄式的强势IP。

总之,创业者在打造IP的过程中,当价值观明确了后,才能对内容和产品进行定位,才能突出自身独特的魅力,从而快速吸引关注。

4. 生产个性化的高质量内容

作为微商、自明星IP的重要条件,创造内容如今也出现年轻化、个性化等趋势。要创作出与众不同的内容,虽然不要求你有多高的学历,但至少要能展现些有价值的东西出来。从某种方面来看，读书和阅历的多少，直接决定了你的内容创造水平。

18.10 众筹融资——不同寻常的变现方式

众筹即大众筹资，是指在团购的基础上增加预购的形式，面向公众筹集资金的模式。发起人利用互联网和社交网络传播的特性，通过众筹平台发布一个众筹项目，展示他们的创意，然后投资人进行支持，获得资金。

众筹主要是以资助个人、公益慈善组织或小中型企业为目的进行的小额资金募集，它是一种全新的互联网金融模式。更具体而言，筹资者将需要众筹的项目通过自己选定的众筹平台进行公开展示，浏览该平台的所有网友都可以对这些项目进行投资。每个人的投资金额一般不高，但项目随着投资人的投资积累，逐渐形成滴水成海的效果，最终项目成功之后发起者获得所需的资金。

相对于传统的融资方式，众筹模式更为开放。只要是投资人喜欢的项目，都可以通过众筹来获得项目启动的第一笔资金，也就为草根创作者们提供了无限的可能。同样，这种众筹模式也为自明星们提供了无限可能。

众筹主要包括4种运营模式，如募捐众筹、奖励众筹、债权众筹、股权众筹，下面分别进行简单介绍。

1. 募捐众筹

募捐式众筹的发展十分迅速，这是一种非营利机构获得捐款，以及那些遭遇到不幸的大众得到基本生活保障和物质援助的一个主要方式。

前期项目立项主要在于项目发起人做好相关准备工作，收集项目资料，由众筹平台确定并审核公益项目内容及目标金额。中期线上跟进后，在于公益项目推广和与支持者互动。后期执行力量分为获得首笔款项执行公益项目，定期汇报进度与支持者互动，以及获得尾款使募捐众筹顺利完成。

2. 奖励众筹

奖励众筹平台在帮助公司预售产品并获得初期支持者方面是一个非常有效的机制。目前，很多在Kickstarter或Indiegogo平台上实现融资的公司在随后的风险融资轮里都获得了很高的估值，有些还被产业直接收购了。这种融资模式已经成为风投社区普遍接受的模式了。

作为一种商业模式，奖励众筹在回报部分尤其重要，那是商品等价交换的根本，也是下一次众筹能否得到别人持续信任的直接原因。

3. 债权众筹

债权众筹一般情况下就是指P2P借贷平台。债权众筹主要分为债权归集、债权转让和资金流向 3 个方面。对于募资人来说，借钱这事有时候向身边的人开口并非好事，所以假如从一个成熟的平台能够尽快借到钱，就是一个非常好的选择。

债权众筹平台的主要责任就是建立借款人的信用规则，努力控制投资者的投资风险，尽可能地保护投资者的利益。尽管债权众筹有一些安全措施，但投资者最好还是将其资金分散在不同的网站，以降低风险，使投资组合多样化。

4. 股权众筹

股权众筹作为众筹资金额度最多的众筹模式，已经逐渐地被大众所接受，这是一种让投资更有保证的融资方式。

股权众筹类似于风险投资和天使投资，对于如游戏、应用、电影、音乐和文学等数字产品资金的筹集最为有效。一般使用股权筹资中，五分之一的项目都能够筹集超过 15 万元人民币以上的资金。用户在股权众筹平台进行融资筹资，实际上可以认为是发行了股票，只是上市的市场是一个众筹平台。

股权制众筹要比奖励制众筹更加商业化，投资者主要是考虑发起者的项目是否有前景、能不能盈利。因此，发起项目的侧重点不能像奖励制众筹那样仅仅是为了实现自己的梦想，而是应该更多地为投资人考虑，从理性的角度打动投资人。